ÉCOLES DE SOUS-OFFICIERS

ÉLÈVES OFFICIERS

1

MINISTÈRE DE LA GUERRE

ÉTAT-MAJOR DE L'ARMÉE. — BUREAU DES ÉCOLES

INSTRUCTION DU 13 JANVIER 1922

POUR L'ADMISSION DANS LES

ÉCOLES DE SOUS-OFFICIERS
ÉLÈVES OFFICIERS

SAINT-MAIXENT, SAUMUR, FONTAINEBLEAU, VERSAILLES

ET

L'ÉCOLE D'ADMINISTRATION MILITAIRE DE VINCENNES

A PARTIR DE 1922

Suivie des Instructions du 25 janvier et du 22 février 1922 sur la Préparation des Candidats des troupes métropolitaines et des troupes coloniales.

Rectifiée et mise à jour à la date du 15 juin 1925.

CHARLES-LAVAUZELLE & Cie

Éditeurs militaires

PARIS, Boulevard Saint-Germain, 124

LIMOGES, 62, Avenue Baudin | 53, Rue Stanislas, NANCY

Instruction pour l'admission dans les écoles de sous-officiers élèves officiers (Saint-Maixent, Saumur, Fontainebleau, Versailles) et l'École d'administration militaire de Vincennes à partir de 1922 (1).

N° 254 10/11 D.   Paris, le 13 janvier 1922.

INSTITUTION DES ÉCOLES.

L'Ecole militaire d'infanterie, établie à Saint-Maixent, est destinée à former des officiers pour :

L'infanterie métropolitaine;

L'infanterie coloniale;

Les chars de combat;

L'Ecole d'application de cavalerie, établie à Saumur, est destinée à former des officiers pour :

La cavalerie;

L'Ecole militaire d'artillerie, établie à Poitiers, est destinée à former des officiers pour :

L'artillerie métropolitaine;

L'artillerie coloniale;

Le train des équipages;

L'Ecole militaire du génie, établie à Versailles, est destinée à former des officiers pour :

Le génie;

L'aéronautique (provisoirement);

L'Ecole d'administration militaire, établie à Vincennes, est destinée à fournir des officiers d'administration pour les armes et services suivants :

---

(1) Mise à jour par l'incorporation dans le texte des modifications prescrites par les rectificatifs et additions des 11 mars, 5 avril, 3 mai 1922; 15 janvier, 15 novembre 1923, 8 février 1924, 31 mars et 24 avril 1925.

Section A : état-major et recrutement, intendance et service de santé des troupes métropolitaines, et du service des poudres.

Section B : artillerie métropolitaine (comptables, chefs artificiers, chefs ouvriers), l'artillerie coloniale (comptables, artificiers, ouvriers d'état).

Section C : génie (et conducteurs de travaux de l'artillerie coloniale).

Section D : intendance et service de santé des troupes coloniales.

Section E : de l'aéronautique : comptables et contrôleurs du matériel.

L'admission dans ces Ecoles a lieu par voie de concours.

TITRE Ier.

Dispositions générales.

Art. 1er. — *Conditions d'admission au concours.*

Chaque année, les chefs de corps ou de services présentent, pour être admis à subir les examens pour l'admission aux écoles militaires de sous-officiers élèves officiers (Saint-Maixent, Saumur, Poitiers (1), Versailles) et l'Ecole d'administration militaire de Vincennes, les sous-officiers qu'ils jugent aptes à devenir officiers ou officiers d'administration.

Conditions d'admission. — Les concours sont ouverts :

A) Aux sous-officiers satisfaisant aux conditions ci-après :

1° Compter au moins deux ans de grade au 1er janvier de l'année du concours; ou compter deux ans de grade au 15 octobre de l'année du concours et justifier d'une présence de trois mois, au moins, dans une unité combattante avant l'armistice (1).

2° Etre muni du certificat d'aptitude à l'emploi de chef de section ou de peloton de leur arme. Le certificat d'aptitude professionnelle, prévu par la circulaire du 27 octobre 1910 est en outre exigé des candidats à l'emploi de chef ouvrier ou de **chef** artificier des troupes métropolitaines (section B) ou emplois correspondants de l'artillerie coloniale.

____

(1) Rectificatif du 15 janvier 1923 (*Bulletin officiel*, page 97).

— 5 —

Toutefois : *a*) Pour l'emploi de chef ouvrier (catégorie fer), ce certificat peut être remplacé par le certificat d'aptitude à l'emploi de chef d'équipe de réparations et d'entretien de véhicules automobiles (1);

b) Les adjudants d'administration du génie et les ouvriers d'état du génie candidats à l'Ecole d'administration militaire (section C) sont dispensés de produire le certificat d'aptitude à l'emploi de chef de section.

Les candidats aux fonctions de contrôleurs du matériel de l'aéronautique (section E) devront, en outre, être munis d'un brevet de mécanicien de l'aéronautique (obligatoire pour ceux de l'aviation) ou du certificat d'aptitude professionnelle pour ceux de l'aérostation, de la défense contre avions, des autres armes et services, prévu par l'instruction du 9 mai 1921;

3° Justifier d'une connaissance suffisante des matières d'instruction générale du concours;

4° Avoir rempli, à la date du 1er avril de l'année du concours, les fonctions de sous-officiers comptables pendant trois mois au moins (2);

5° Avoir l'intégralité de l'aptitude physique.

(Conditions définies par l'instruction du 20 décembre 1916, *Bulletin officiel*, volume 68.)

B) Aux sous-officiers en activité qui, ayant été aspirants pendant un an au moins, ont été rengagés comme maréchaux des logis ou sergents.

C) Aux sous-officiers en activité qui, anciens aspirants, ont été rengagés comme sous-officiers avant d'avoir un an de grade et qui compteront au 15 octobre 1922 un an de services effectifs depuis leur rengagement.

---

(1) Rectificatif du 15 novembre 1923.

(2) Cette disposition ne s'applique pas aux officiers du cadre latéral, aux adjudants-chefs, aux adjudants, aux sous-officiers rengagés provenant des sous-lieutenants de réserve nommés à ce grade à la suite d'un examen et d'un cours d'élèves officiers de réserve, aux officiers de réserve visés au paragraphe G, aux sous-officiers rengagés provenant des anciens officiers à titre temporaire admis à ces emplois sans avoir rempli précédemment les fonctions de comptable.

Elle ne s'applique pas non plus aux sous-officiers des sections d'infirmiers militaires, aux sous-officiers des commis ouvriers d'administration, aux sous-officiers comptables de l'aéronautique, aux sous-officiers des sections d'infirmiers coloniaux, aux sous-officiers des sections d'état-major et de recrutement, en raison des connaissances acquises par eux dans leurs emplois spéciaux.

D) Aux anciens officiers à titre temporaire, rengagés comme sous-officiers (circulaire du 10 avril 1919), et encore en activité. Ces candidats n'ont pas à satisfaire aux conditions de temps de service imposé aux sous-officiers.

E) A tous les officiers et officiers d'administration du cadre latéral sans condition de grade, sous réserve pourtant qu'ils n'atteindront 15 ans de services que postérieurement au 10 avril de l'année du concours, exception faite pour ceux ayant obtenu un congé avec solde dans les conditions prévues par la loi du 22 juillet 1921 (article 14).

F) A tous les jeunes gens ayant suivi avec succès un cours d'élèves officiers de réserve et ayant contracté à leur libération un rengagement comme sous-officier. Ils pourront se présenter quand ils auront deux ans de grade de sous-officier au 1er janvier de l'année du concours. Leur ancienneté dans le grade de sous-officier sera comptée du jour de leur entrée au cours d'élèves officiers de réserve (1).

G) A tous les officiers de réserve et officiers d'administration de réserve à titre définitif qui donneront la démission de leur grade d'officier et rengageront comme sous-officier dans les conditions prévues par la loi du 18 février 1922 sur les rengagements des militaires libérés. Ces candidats pourront se présenter quand ils auront deux ans de grade de sous-officier au 1er janvier de l'année du concours. Leur ancienneté dans ce grade sera comptée en faisant état pour sa totalité du temps passé dans un cours d'élèves officiers de réserve et comme officier de réserve pendant le service actif, et pour la moitié du temps passé comme officier de réserve après la libération (1).

H. — Paragraphe supprimé (1).

I. — A tous les officiers d'administration de complément (intendance, santé) accomplissant des stages d'activité sous réserve qu'ils aient deux ans de grade de sous-officier et qu'ils donnent leur démission d'officier de complément en entrant à l'Ecole (1).

Les candidats de l'armée métropolitaine peuvent être autorisés à concourir pour toutes les subdivisions d'écoles de l'armée métropolitaine, quelle que soit l'arme à laquelle ils appartiennent (2). De même, les candidats de l'armée coloniale peuvent

---

(1) Rectificatif du 15 janvier 1923.
(2) Les candidats se présentant au titre des chars de combat concourent uniquement pour l'Ecole militaire de l'infanterie. A leur sortie de l'Ecole, ils sont affectés obligatoirement aux chars de combat. (Rectificatif du 15 novembre 1923.)

être autorisés à concourir pour toutes les subdivisions d'écoles de l'armée coloniale. Les sous-officiers autorisés à concourir pour une arme autre que la leur sont soumis aux mêmes conditions d'admission que les candidats de l'arme. Des dispositions spéciales, exposées plus loin, règlent le cas des candidats appartenant à l'aéronautique.

Les candidats employés dans les écoles militaires sont présentés par les commandants de ces écoles.

Les candidats servant au titre étranger peuvent également être présentés; mais ils ne sont nommés sous-lieutenants qu'au titre étranger.

ART. 2 — *Inscription et instruction des demandes.*

Il est établi, pour chaque candidat présenté, un mémoire de proposition distinct pour chaque école ou subdivision d'école (1) pour laquelle il désire concourir, conformément au modèle n° 1 annexé à la présente instruction. Le chef de corps ou de service et les différentes autorités hiérarchiques inscrivent sur ce mémoire leur appréciation motivée sur la valeur du candidat et donnent leur avis sur la suite que paraît comporter la proposition dont il est l'objet.

L'appréciation du chef de corps et des autorités hiérarchiques est accompagnée, à titre d'indication, d'une note numérique donnée dans l'échelle de 0 à 20 (voir art. 6, § A) et destinée à la résumer.

Au mémoire sont annexés :

1° La copie du carnet de notes du candidat (2), ou du feuillet du personnel.

2° Un état signalétique et des services.

3° Les certificats constatant que le candidat est dans les conditions physiques nécessaires pour suivre l'enseignement de l'école;

---

(1) En ce qui concerne les sections B et E de l'Ecole d'administration pour chacune des spécialités.

(2) Si le candidat n'est pas rengagé, il sera pourvu néanmoins d'un carnet de notes du modèle réglementaire pour les sous-officiers rengagés. Ce carnet devra porter, autant que possible, les notes méritées depuis la nomination au grade de sous-officier. Les chefs de corps devront, en conséquence, prescrire la tenue dudit carnet pour tous les sous-officiers candidats aux écoles militaires d'élèves officiers ou à l'Ecole d'administration militaire.

ce certificat lui est délivré à la suite d'une visite passée par un médecin militaire étranger au corps ou service dont il fait partie et désigné par le général commandant le corps d'armée.

Pour les candidats de la cavalerie liés au service après le 25 janvier 1912, l'acuité visuelle doit être au moins égale à 1 (normale) pour l'un des yeux et de 1/10e au moins pour l'autre œil sans le secours d'aucun verre.

On devra également tenir compte de l'aptitude à distinguer les couleurs.

4° Le certificat d'aptitude à l'emploi de chef de section ou de peloton suivant l'arme et, en outre, pour les candidats à l'emploi de chef ouvrier ou de chef artificier des troupes métropolitaines (section B) ou emplois correspondants de l'artillerie coloniale, le certificat d'aptitude professionnelle prévu par la circulaire du 27 octobre 1910, et, pour les candidats contrôleurs de matériel de l'aéronautique, le brevet de mécanicien d'aéronautique (obligatoire pour les candidats de l'aviation), ou le certificat d'aptitude professionnelle pour ceux de l'aérostation ou des autres armes ou services, prévu par l'instruction du 9 mai 1921.

Le certificat d'aptitude à l'emploi de chef de section ou de peloton est délivré par un corps de troupe des armes combattantes.

Pour l'obtention de ce certificat, les candidats des différentes armes, comme ceux des commis ouvriers d'administration, des sections d'infirmiers militaires métropolitains ou coloniaux, des sections d'état-major et de recrutement, les adjudants d'administration du génie ont la faculté, pour faciliter leur préparation et leurs demandes ultérieures d'exécuter, avant le concours, un stage dans un corps de l'arme pour laquelle ils désirent concourir.

5° L'acte de naissance ou un certificat en tenant lieu (1).

6° Un certificat du chef de corps attestant, pour les sous-officiers, que le candidat aura réellement exercé, à la date du 1er avril de l'année du concours, les fonctions de sous-officier comptable pendant trois mois au moins; pour les sous-officiers du cadre des écoles ne comportant pas de comptable, un certificat du commandant de l'Ecole attestant que le sous-officier proposé aura été employé à la date du 1er avril pendant trois mois dans les bureaux des officiers comptables de ladite Ecole.

---

(1) Dans le cas où le candidat se présente à plusieurs écoles, il n'est joint un acte de naissance qu'au mémoire de proposition pour l'école dans laquelle le candidat demande à entrer, avec le n° 1 de préférence en cas d'admission simultanée. Mention en est faite dans les autres dossiers de proposition.

7° Une note faisant connaître si le candidat demande à être interrogé sur une ou plusieurs langues vivantes et quelles sont ces langues. L'examen ne peut porter que sur les langues allemande. anglaise, russe, arabe (1).

8° Pour les candidats qui ont été déjà proposés, les mémoires des années précédentes (éventuellement).

9° Pour les candidats qui désirent se présenter la même année pour plusieurs écoles ou subdivisions d'écoles, une déclaration faisant connaître la liste par ordre de préférence des écoles ou subdivisions d'écoles dans lesquelles ils désirent entrer en cas d'admission simultanée. Cette déclaration aura un caractère définitif; elle sera jointe à tous les dossiers (1) des écoles ou subdivisions d'écoles auxquelles le candidat se présente.

Les mémoires de proposition, avec toutes les pièces à l'appui, sont adressés au général commandant le corps d'armée pour le 1er mars; les corps de troupe qui n'ont pas de candidat envoient un état « néant » (2).

Les dossiers sont réunis, par corps de troupe ou service, dans un état modèle n° 2, distinct pour chaque école ou subdivision d'école.

Le commandant de corps d'armée inscrit son appréciation motivée sur le mémoire, à la suite des avis des divers chefs hiérarchiques. Il ajourne les candidats qui ne lui paraissent pas remplir les conditions d'aptitude voulues, en formulant sur le mémoire le motif de l'ajournement; dans ce dernier cas, il retire de l'état modèle n° 2 le dossier du candidat ajourné, inscrit sur cet état, en face du nom, la mention « ajourné » avec l'indication sommaire du motif de l'ajournement, et arrête, en toutes lettres, le nombre des candidats dont il admet la proposition.

Les états modèle n° 2, ainsi arrêtés et contenant les dossiers des candidats proposés, sont envoyés au Ministre (Direction d'Armes) pour le 10 mars, en même temps que les états « néant » des corps de troupe n'ayant pas de candidats (2).

____

(1) Direction de l'infanterie pour Saint-Maixent (infanterie métropolitaine et chars de combat); Direction de la Cavalerie pour Saumur; Direction de l'Artillerie pour Poitiers (artillerie métropolitaine et train des équipages) et Vincennes (section B); Direction du Génie pour Versailles (génie) et Vincennes (section C); Direction des Troupes coloniales pour Saint-Maixent (infanterie coloniale), Poitiers (artillerie coloniale) et Vincennes (section D); Direction de l'Intendance pour Vincennes (section A); Direction de l'Aéronautique pour Versailles (aéronautique) et Vincennes (section L). (Rectificatif du 15 novembre 1923.)

(2) Rectificatif du 15 janvier 1923.

Les dossiers des sous-officiers ajournés sont renvoyés à leurs corps, en même temps que les dossiers des candidats qui échouent aux examens, pour être utilisés dans le cas où ces sous-officiers seraient ultérieurement l'objet d'une nouvelle proposition.

Les chefs de corps ou de service informent le Ministre (Directions d'Armes) par la voie hiérarchique de tous faits (mutations, maladies, punitions, etc.) survenus entre l'époque de la transmission des dossiers et la publication des listes d'admission et pouvant modifier l'opinion émise sur la valeur des candidats proposés.

Les demandes de radiation, s'il y a lieu, doivent être accompagnées d'un rapport détaillé revêtu de l'avis motivé des diverses autorités hiérarchiques.

TITRE II.

Concours.

Il est organisé un concours d'admission distinct pour chaque école ou section d'école. Chaque concours comprend :

1° Des épreuves écrites d'admissibilité portant sur l'instruction générale;

2° Des épreuves d'admission qui comportent :

a) Des interrogations sur l'instruction générale;

b) Des interrogations et des épreuves pratiques sur l'instruction militaire.

En outre, pour les candidats chefs artificiers et chefs ouvriers de la section B et les contrôleurs de matériel de la section E de l'Ecole d'administration de Vincennes, épreuves professionnelles.

Art. 3. — *Examen écrit.*

Les épreuves écrites ont pour but d'établir un classement destiné à exclure des examens d'admission les candidats dont l'instruction générale laisserait à désirer.

Les points obtenus dans ces épreuves d'admissibilité s'ajoutent aux points obtenus dans les autres épreuves pour déterminer le classement définitif d'admission.

A) *Centres d'examens.* — Les épreuves écrites sont exécutées dans des centres de composition spécifiés au tableau n° 1 annexé à la présente instruction.

Les candidats sont convoqués, en principe, dans le centre (le cas échéant, dans l'un des centres) de composition de la région afférente à l'école ou division d'école intéressée (1).

Si le nombre des candidats est peu élevé, il appartient au général commandant le corps d'armée de grouper, s'il le juge utile, ces candidats dans un centre unique (au cas où plusieurs centres sont prévus au tableau n° 1) ou de demander au Ministre (Direction d'Arme) de réunir ces candidats à ceux d'un corps d'armée voisin (1).

B) *Nature des compositions.* — Les compositions se font conformément aux programmes annexés à la présente circulaire.

Elles comprennent :

a) Pour les candidats aux écoles militaires d'infanterie, de cavalerie, d'artillerie et du génie, *aux concours de 1922 et 1923 :*

1° Une composition française;

2° Une composition d'histoire;

3° Une composition de géographie;

4° Une composition d'arithmétique et d'algèbre;

5° Une composition de géométrie;

6° Pour les candidats à l'Ecole militaire de l'artillerie (Division de l'artillerie métropolitaine et de l'artillerie coloniale) un calcul trigonométrique;

7° Pour les candidats à l'Ecole militaire du génie une composition de dessin;

Au concours de 1924, pour toutes ces écoles, en plus des compositions précédentes, une composition de physique et de chimie;

Au concours de 1925 et suivants, pour toutes ces écoles, sauf l'Ecole militaire du génie où elle existe déjà, en plus des compositions précédentes, une composition de dessin;

b) Pour toutes les sections de l'Ecole d'administration de Vincennes :

Aux concours de 1922 et années suivantes :

1° Une composition française;

2° Une composition d'histoire;

3° Une composition de géographie;

4° Une composition d'arithmétique, algèbre et géométrie.

c) Pour les candidats de l'Ecole d'administration sections B

---

(1) Rectificatif du 15 janvier 1923.

et C et contrôleurs du matériel section E, en outre, une épreuve de dessin linéaire;

d) Pour les candidats aux différentes écoles qui en ont fait la demande, un thème de langue vivante (sans dictionnaire) pour chaque langue présentée.

Les candidats sont autorisés à présenter plusieurs langues.

Les compositions de langues vivantes ne comptent pas pour l'admissibilité. Les points qui sont attribués à chacune d'elles sont ajoutés au total de ceux produits par les autres matières pour concourir au classement d'admission à condition que la note obtenue ne soit pas inférieure à 8.

C) *Dates des épreuves écrites* (1). — Les épreuves écrites se font dans l'ordre suivant :

Le 3° mardi d'avril : Ecole d'administration militaire (sections A et D);

Le 3ᵉ vendredi d'avril : Ecole militaire d'infanterie;

Le 4ᵉ mardi d'avril : Ecole militaire d'artillerie (divisions de l'artillerie métropolitaine, de l'artillerie coloniale, du train des équipages militaires;

Le 1ᵉʳ mardi de mai : Ecole militaire du génie;

Le 2ᵉ lundi de mai : Ecole d'administration militaire (section B, artificiers et ouvriers, comptables);

Le 3ᵉ mardi de mai : Ecole d'application de cavalerie;

Le 4ᵉ mardi de mai : Ecole d'administration militaire (section C);

Le 1ᵉʳ lundi de juin : Ecole d'administration militaire (section E, comptables);

Le 2ᵉ lundi de juin : Ecole d'administration militaire (section E, contrôleurs du matériel).

Les compositions seront exécutées dans les conditions suivantes : pour les candidats à l'Ecole militaire d'infanterie, à l'Ecole militaire d'artillerie, à l'Ecole d'application de cavalerie, à l'Ecole militaire du génie :

Composition française (3 heures) : le premier jour, matin.

Composition de géométrie (2 heures) : le premier jour, soir.

Composition d'histoire (2 heures) : le deuxième jour, matin.

Composition d'arithmétique et d'algèbre (4 heures) : le 2ᵉ jour soir.

Composition de géographie (2 heures) : le 3ᵉ jour matin.

(1) Rectificatif du 15 janvier 1923.

Composition de physique et de chimie (4 heures) : le 3ᵉ jour soir.

Composition de dessin (4 heures) : le 4ᵉ jour matin.

Composition de langue vivante (1 h. 1/2) : le 4ᵉ jour soir.

Composition de calcul trigonométrique (1 h. 1/2) : le 5ᵉ jour matin.

Pour les candidats à l'Ecole d'administration de Vincennes elles sont exécutées ainsi :

Sections A, B, C, D, E :

Composition française (3 heures), le premier jour matin;

Composition d'arithmétique, algèbre et de géométrie (ensemble, 4 heures) : le 1ᵉʳ jour soir.

Compositions d'histoire et de géographie (2 heures chacune), le 2ᵉ jour matin;

Composition de langues vivantes (chacune, 1 h. 1/2) : le 2ᵉ jour soir.

Sections B, C et E (contrôleurs du matériel) :

Composition de dessin linéaire (4 heures) : le 3ᵉ jour matin.

Pour toutes les écoles, elles commencent le matin à 8 heures et le soir à 14 heures.

D. — ORGANISATION DES ÉPREUVES. — CONVOCATION DES CANDIDATS.

Les généraux gouverneurs militaires de Paris et de Lyon, les généraux commandant les régions de corps d'armée, le général commandant l'armée française du Rhin, le général commandant l'armée du Levant, le maréchal commissaire résident général de France au Maroc, le général commandant la division d'occupation de Tunisie (1), sont chargés d'assurer l'exécution des épreuves dans les centres de composition constitués sur le territoire de leur commandement, chacun en ce qui concerne les candidats appartenant aux corps, services ou détachements stationnés sur ce territoire.

A cet effet, ils reçoivent, en temps utile, du Ministre (Directions d'Armes) les sujets des épreuves écrites (sous pli cacheté) et les imprimés nécessaires.

Les officiers généraux ci-dessus désignés adressent pour

---

(1) Dispositions à provoquer en temps opportun pour les éléments stationnés hors de France et non compris dans la présente rubrique.

le 10 mars au plus tard, au Ministre (Directions d'Armes) des demandes d'imprimés conformes au modèle n° 3 annexé à la présente instruction, en spécifiant le nombre d'imprimés nécessaires à chaque centre (1).

Ils prennent, en se conformant aux règles posées par la présente instruction, toutes les dispositions de détail relatives à l'exécution des épreuves (convocation des candidats, organisation des centres de composition, désignation des officiers chargés de la surveillance des séances, etc...).

Les généraux visés ci-dessus font établir, pour chaque centre de composition de leur région, des bordereaux nominatifs (du modèle n° 4 annexé à la présente instruction) des candidats convoqués dans ce centre (2).

Ces bordereaux nominatifs sont établis au titre de chaque division d'école (2).

Les candidats doivent arriver dans le centre de composition la veille du jour fixé pour le commencement des épreuves. Ils sont mis en subsistance dans un corps de la garnison (cette mesure ne s'applique pas aux officiers à titre temporaire).

Les convocations dans les centres de composition sont faites, comme il a été dit ci-dessus, par les soins du commandement territorial.

A cet effet, les chefs de corps, de fractions de corps ou de services stationnés sur le territoire d'un corps d'armée sans faire partie de ce corps d'armée, y compris ceux qui appartiennent aux troupes coloniales, rendent compte sans délai au général commandant la région des autorisations de concourir accordées aux candidats placés sous leurs ordres et le tiennent au courant des mutations ultérieures qui pourraient intéresser ces candidats.

D'autre part, les chefs de corps, de fractions de corps ou de services des troupes coloniales rendent compte au général commandant le corps d'armée des troupes coloniales des ordres de convocation intéressant les candidats appartenant à ces troupes et émanant du commandement territorial.

E. — Exécution des épreuves.

L'exécution des épreuves dans chaque centre de composition est surveillée par une commission de surveillance composée

---

(1) Pendant une période qui ne dépassera pas l'année 1928, les règles d'élimination, en ce qui concerne le français, l'histoire et la géographie, ne seront pas appliquées aux candidats alsaciens-lorrains, qui auront obtenu le nombre de points exigé pour l'admissibilité et pour l'admission.

(2) Rectificatif du 15 novembre 1923.

d'officiers ou d'officiers d'administration du grade de capitaine, lieutenant, officier d'administration de 1re ou de 2e classe, désignés par le général commandant le corps d'armée. Le nombre des officiers surveillants est fixé à deux pour quinze candidats ou moins de quinze candidats; il est augmenté de un pour chaque groupe supplémentaire de quinze ou fraction de quinze candidats. L'officier le plus élevé en grade ou le plus ancien dans le grade le plus élevé prend le titre de président de la commission de surveillance.

Les officiers de la commission de surveillance doivent être pris en dehors de ceux qui ont participé à la préparation des candidats. Chacun d'eux reçoit un exemplaire d'une instruction spéciale relative à sa mission.

En principe, les mêmes officiers sont chargés de la surveillance de toutes les épreuves écrites auxquelles tous doivent assister en permanence.

Les candidats sont prévenus qu'il leur est absolument interdit, sous peine d'exclusion du concours, d'avoir par devers eux le moindre document imprimé ou manuscrit (1).

Les candidats qui auraient apporté des documents imprimés ou manuscrits prohibés doivent les déposer à l'entrée entre les mains d'un officier surveillant.

Il est également interdit aux candidats de quitter leur place ou de communiquer entre eux par un moyen quelconque. Ils ne peuvent sortir pour aucun motif avant d'avoir remis leur composition soit au président, soit à l'un des délégués à la surveillance.

Les officiers présents aux compositions ont l'impérieux devoir et la consigne formelle de signaler au président de la commission de surveillance toute infraction à ces règles ou toute autre irrégularité qu'ils auraient constatée.

Les candidats convaincus de fraude ou de tentative de fraude sont exclus du concours. Dans chaque centre, l'exclusion peut être prononcée sans délai, et sans appel par les officiers surveillants, il est rendu compte, au Ministre (Directions d'Armes), dans un rapport spécial, de la décision prise et des motifs de l'exclusion, ce rapport est transmis par l'intermédiaire du général commandant le corps d'armée.

A la fin de chaque séance, le président de la commission de

---

(1) Les candidats ayant à effectuer un calcul logarithmique pourront se servir exclusivement des tables à cinq décimales établies dans le système de la division centésimale.

surveillance demande aux candidats s'ils ont des réclamations
à formuler. Il consigne ces réclamations au procès-verbal de
la séance.

L'enveloppe renfermant chaque sujet de composition est dé-
cachetée, en présence des candidats à l'ouverture de la séance
affectée à l'épreuve par l'un des officiers surveillants. Mention
de cette opération est faite au procès-verbal de la séance, dans
lequel on doit constater si le cachet était intact.

Toutes les compositions sont faites sur des feuilles à entête
imprimé du modèle n° 5 annexé à la présente instruction. Ces
feuilles sont délivrées au commencement de chaque séance et
revêtues à ce moment de la signature de l'un des officiers surveillants. Des feuilles de composition distinctes doivent être uti-
lisées pour chacune des compositions, qui, bien qu'ayant lieu
dans la même séance, ont des coefficients différents.

Chaque candidat inscrit lisiblement sur l'en-tête :

1° Le nom de la ville où s'exécutent les compositions ;

2° Ses nom et prénoms ;

3° Son grade et le corps, établissement ou service dont il
fait partie ;

4° L'indication de la matière qui fait l'objet de la composition
(composition française, etc...);

5° L'école ou la subdivision d'école pour laquelle il concourt;

Ces deux dernières indications sont répétées au début de la
composition, au-dessous de la barre séparant l'en-tête à dé-
couper.

En outre, le candidat signe à l'endroit réservé à cet effet sur
l'en-tête.

A la fin de chaque épreuve, les candidats remettent le travail, séance tenante, à l'un des officiers surveillants. Tout
candidat qui ne remet pas de composition ou qui ne se présente
pas à l'une quelconque des épreuves autres que celles de langues vivantes, est, par cela-même, exclu du concours, mais les
compositions inachevées n'entraînent pas l'exclusion.

Les officiers surveillants réunissent les compositions visées
à l'alinéa précédent sous plis scellés et contresignés par eux.

Après la dernière séance, les officiers surveillants ouvrent les
plis scellés aux séances précédentes; ils assemblent l'une dans
l'autre les compositions du même candidat. Ils groupent ensuite toutes les compositions dans un même dossier, auquel
est annexé le bordereau n° 4.

Le dossier ainsi constitué est introduit dans une enveloppe portant en suscription l'indication de l'école à laquelle se rapporte le bordereau.

Cette enveloppe est scellée par les officiers surveillants et contresignée de leurs noms. Elle est placée ensuite, avec les procès-verbaux des séances et un tableau figuratif de la salle des compositions indiquant exactement la place et le nom de chaque candidat, dans une enveloppe entoilée adressée, le jour même et directement au ministère de la guerre (Direction d'Armes (1).

. . . . (2).

F. — Dispositions spéciales a la Corse, l'Algérie, la Tunisie, le Maroc, l'Orient, le Levant, territoires a plébiscités, etc...

Pour la Corse, l'Algérie, la Tunisie, le Maroc et les territoires hors de France, les centres et heures de composition sont fixés respectivement par les généraux commandant les 15e et 19e corps d'armée, par le général commandant la division d'occupation de Tunisie, par le maréchal commissaire résident général de France au Maroc, le général commandant le corps d'occupation de Constantinople, le général commandant l'armée du Levant, et, d'une façon générale, les généraux commandant les formations.

Les dispositions des paragraphes D et E sont applicables aux centres de composition visés ci-dessus sous les réserves ci-après :

Pour chaque centre de composition, il est établi un bordereau nominatif n° 4, relatif à chacune des écoles ou divisions d'écoles intéressés (2).

Les candidats sont inscrits sur le bordereau relatif à l'école pour laquelle ils concourent.

Dans chaque centre de composition, les officiers surveillants groupent, dans des dossiers séparés, les compositions relatives aux diverses écoles ou divisions d'école intéressées.

Ces dossiers, complétés par le bordereau n° 4 correspondant, sont introduits dans des enveloppes se rapportant respectivement à chaque école ou division d'école (2).

---

(1) Direction de l'aéronautique pour les compositions des candidats se présentant à l'Ecole militaire du génie (division de l'aéronautique).

(2) Alinéa supprimé et texte nouveau (rectificatif du 15 novembre 1923).

Enfin, pour la transmission au Ministre de la guerre (Directions d'Armes), lesdites enveloppes sont réunies avec les procès-verbaux des séances dans une même enveloppe entoilée.

Art. 4. — Examen oral d'instruction générale.

A. — CENTRES D'EXAMEN.

Les épreuves orales de connaissances générales et les épreuves d'instruction militaire, et, le cas échéant, les épreuves professionnelles, sont subies dans les centres d'examen ci-après :

a) Candidats à l'Ecole de Saint-Maixent.

Les centres d'examens oraux et la répartition dans chaque centre des candidats admissibles seront indiqués au Journal officiel en même temps que la liste d'admissibilité. Les candidats du 19ᵉ corps d'armée, de la division d'occupation de Tunisie, du Maroc, du Levant et des colonies, sont en principe convoqués à Marseille.

b) Candidats à l'Ecole de Vincennes (sections A, C, D et E) et à l'Ecole militaire du génie de Versailles.

Nanterre (Seine-et-Oise)............	Pour les candidats à l'Ecole d'administration militaire (section E).
Paris..............	Pour les candidats à l'Ecole d'administration militaire (section D).
Versailles.........	Pour tous les candidats à l'Ecole militaire du génie (1), pour tous les candidats à l'Ecole d'administration militaire (section C).
Vincennes.........	A l'Ecole d'administration militaire pour les candidats à l'Ecole d'administration (section A).

c) Candidats aux Ecoles de Poitiers et de Vincennes (section B).

Dijon...............	Pour tous les candidats.

d) Candidats à l'Ecole de Saumur.

Pour les candidats à l'Ecole de Saumur, les centres seront fixés par le Ministre (direction de la cavalerie) et paraîtront au Journal officiel avec les listes d'admissibilité.

---

(1) Pour les candidats à la division de l'aéronautique, épreuves militaires à Saint-Cyr. Epreuves militaires particulières aux candidats de l'aviation, de l'aérostation : au Bourget, à Saint-Cyr.

B. — Nature des épreuves.

Les connaissances générales sur lesquelles porte l'examen oral sont définies pour chaque école ou subdivision d'école aux programmes annexés à la présente instruction.

Les candidats ayant obtenu la note 8 à l'examen écrit d'une langue vivante subissent un examen oral pour cette langue.

L'examen oral de langues vivantes comprendra :

1° Un entretien sur un sujet de la vie courante;

2° Lecture et traduction d'un texte de journal ou d'une revue non technique.

La note définitive à attribuer est la moyenne des notes obtenues à l'écrit et à l'oral.

Ces candidats peuvent être convoqués par le Ministre (Direction d'Arme) dans des centres d'examen particulier.

C. — Exécution des épreuves orales d'instruction générale.

Les épreuves orales d'admission à chaque école ou subdivision d'école sont subies devant un jury composé d'examinateurs désignés par le Ministre (Etat-Major de l'Armée; 3ᵉ Bureau; Section des Ecoles), savoir : pour les Ecoles de Saint-Maixent, Versailles, Saumur et Poitiers.

Un examinateur pour la langue française et la littérature;

Un examinateur pour l'histoire et la géographie;

Un examinateur pour l'arithmétique, l'algèbre et la trigonométrie;

Un examinateur pour la géométrie (et, le cas échéant, le dessin et la mécanique);

Un examinateur pour la physique et la chimie.

Les examinateurs de connaissances générales peuvent être civils ou militaires. Dans ce dernier cas, les fonctions sont remplies par des officiers supérieurs ou capitaines anciens appartenant aux diverses armes. Le plus élevé en grade de ces officiers, ou le plus ancien dans le grade le plus élevé, est le président du jury. Un capitaine ou un lieutenant lui est adjoint comme secrétaire.

Pour l'Ecole de Vincennes, les épreuves orales d'admission sont subies devant un jury nommé par le Ministre et composé pour chaque section de la manière suivante :

Section A :

Un sous-intendant militaire de 1re ou de 2e classe, président;
Un sous-intendant militaire de 3e classe, membre;
Quatre officiers d'administration principaux ou de 1re classe
membres, savoir :

Un du service d'état-major et du recrutement ;
Deux du service de l'intendance ;
Un du service de santé;
Un officier d'administration de 1re ou de 2e classe, secrétaire.

Section B :

Un colonel ou lieutenant-colonel de l'artillerie métropolitaine,
président;
Deux officiers supérieurs ou subalternes (un de l'artillerie métropolitaine et un de l'artillerie coloniale), membres;
Un officier d'administration principal ou de 1re classe, comptable, membre;
Un officier d'administration de 1re ou de 2e classe, secrétaire.

En outre, pour l'examen sur le cours spécial et l'épreuve professionnelle des candidats chefs artificiers et chefs ouvriers,
un officier d'administration appartenant à la spécialité du candidat interrogé est adjoint au jury avec voix consultative.

Section C :

Un colonel ou lieutenant-colonel du génie, président;
Deux officiers supérieurs ou subalternes (un du génie et un
de l'artillerie coloniale), membres;
Un officier d'administration principal ou de 1re classe du ser-
vice du génie, membre;
Un officier d'administration de 1re ou de 2e classe, secrétaire.

Nota. — Les membres des jurys des sections B et C pourront être
choisis parmi les membres des jurys des épreuves orales d'intruction
générale ou des jurys militaires d'admission à Fontainebleau ou à Versailles.

Section D :

Un sous-intendant militaire de 1re ou de 2e classe des troupes
coloniales, président;

Un adjoint à l'intendance des troupes coloniales, membre;
Deux capitaines des troupes coloniales, membres;
Un officier d'administration principal ou de 1re classe des
troupes coloniales, membre et secrétaire.

Section E (comptables) :

Un colonel ou lieutenant-colonel de l'aéronautique, président;

Deux officiers supérieurs ou subalternes de l'aéronautique, membres;

Un officier d'administration principal ou de 1re classe, comptable, membre.

Un officier d'administration de 1re ou de 2e classe, secrétaire.

Section E (contrôleurs du matériel) :

Un colonel ou lieutenant-colonel de l'aéronautique, président;

Deux officiers supérieurs ou subalternes de l'aéronautique, membres;

Un officier d'administration principal ou de 1re classe, contrôleur du matériel de l'aéronautique, membre;

Un officier d'administration de 1re ou de 2e classe, secrétaire.

Le président de chaque jury d'examen de connaissances générales arrête, en se conformant aux instructions qu'il a reçues, toutes les dispositions de détail relatives au fonctionnement de son jury. Il désigne les candidats de son ressort qui doivent être interrogés chaque jour.

Parmi les candidats à une même école (ou subdivision d'école), le tour d'examen est déterminé, en principe, dans l'ordre des corps d'armée, et, pour chaque corps d'armée, dans l'ordre de bataille.

En principe, un candidat qui, par suite de maladie ou d'empêchement régulièrement constaté, ne se présente pas à son rang de passage, est reporté à la suite des candidats de sa catégorie dans le même centre d'examen.

Le président de chaque jury d'examen de connaissances générales convoque les candidats de son ressort au moyen d'avis envoyés directement par lui aux chefs de corps ou de service, en se conformant aux dispositions ci-dessus. Les candidats doivent être rendus au centre d'examen l'avant-veille du jour où ils doivent vraisemblablement subir les épreuves. Ils sont mis en subsistance dans un des corps de troupe de la garnison pendant la durée des examens (la subsistance n'est applicable qu'aux hommes de troupe).

Les candidats se présentant simultanément à plusieurs écoles ou subdivisions d'école sont convoqués dans les divers centres d'examen à des dates fixées par le Ministre (Directions d'Armes).

Par exception, les candidats stationnés en Algérie, en Tunisie, au Maroc et dans le bassin méditerranéen (1) sont envoyés sans convocation préalable, par les soins des généraux commandant le 19e corps d'armée, la division d'occupation de Tunisie, le commissaire résident général de France au Maroc et les généraux commandant les formations intéressées dès la publication au *Journal officiel* des listes d'admissibilité sur les centres indiqués à l'article 4 du titre II.

Si un candidat, faisant valoir une raison légitime, demande à subir tout ou partie des épreuves orales de connaissances générales ou d'instruction militaire dans un centre autre que celui où il a été ou devait être convoqué, il en est rendu compte d'urgence au Ministre (Directions d'Armes), qui assigne, s'il y a lieu, à ce candidat, un autre centre d'examen et en avise le président du jury d'examen et les autorités intéressées.

Chaque candidat se présentant simultanément à plusieurs écoles ou subdivision d'école subit les examens de connaissances générales devant chacun des jurys d'examen de connaissances générales dont dépendent ces écoles ou subdivisions d'école pour lesquelles il concourt (2).

Immédiatement après l'établissement des listes d'admissibilité, le Ministre (Direction d'Armes) arrête, pour chacune des écoles, en tenant compte du nombre des candidats devant subir les épreuves orales dans chaque centre :

Les itinéraires à suivre par les jurys;

Les dates d'arrivée des divers jurys dans les centres d'examen ou dans les places de rattachement.

Il détermine le nombre approximatif de candidats à chaque école (ou subdivision d'école) que les jurys de connaissances générales auront à interroger chaque jour, de manière à assurer le fonctionnement régulier des jurys d'examen militaire, et, d'une manière générale, arrête toutes les dispositions à prendre pour l'organisation d'ensemble des examens.

Les dates auxquelles les épreuves orales de connaissances générales doivent commencer dans les divers centres d'examen, en ce qui concerne spécialement chaque école ou subdivision d'école, sont publiées au *Journal officiel.*

---

(1) Aux colonies, dans les territoires occupés, les missions en Europe.
(2) Les candidats se présentant simultanément à plusieurs écoles sont convoqués dans les divers centres d'examens par les soins des directions intéressées, qui, après s'être entendues entre elles, communiqueront leurs décisions au président de chaque jury d'examen de connaissances générales, de leur ressort.

Sur la demande du président du jury d'examen des connaissances générales, les commandants d'armes désignent les locaux à affecter aux interrogations.

Chaque jour, le président du jury des connaissances générales fait afficher la liste des candidats qui seront interrogés dans la journée suivante, ainsi que tous les autres renseignements utiles à ces derniers.

Les candidats qui, sans motif valable, ne se présentent pas lorsqu'ils sont appelés à l'une des épreuves, peuvent être punis disciplinairement et exclus du concours.

Les candidats présenteront, au début des examens, au président du jury des connaissances générales, les différents diplômes universitaires ou scolaires dont ils sont titulaires.

Les questions posées aux diverses interrogations sont tirées au sort; à cet effet, les examinateurs préparent, chaque matin, un nombre de bulletins supérieur à celui des candidats qu'ils doivent interroger dans la journée. Chacun de ces bulletins porte des questions de force graduée.

Le candidat, à l'appel de son nom, tire un bulletin, en prend connaissance et le remet à l'examinateur.

L'interrogation roule sur les questions figurant au bulletin; toutefois, l'examinateur peut poser, en outre, les questions qu'il juge nécessaires pour s'éclairer sur l'étendue des connaissances du candidat.

Les examinateurs notent les candidats, suivant l'échelle de 0 à 20 (voir ci-après), sur chaque matière (ou groupe de matières), affectée d'un coefficient.

Ils n'ont pas connaissance des notes obtenues aux épreuves écrites. Tout candidat dont la moyenne générale définitive en instruction générale sur une matière (notes de l'examen écrit et oral combinées) sera inférieur à 4, sera éliminé d'office (1).

Les examinateurs peuvent opérer ensemble ou séparément.

Tous les officiers et sous-officiers de l'armée active peuvent assister aux épreuves orales, l'entrée des salles d'interrogation restant interdite à toute autre personne. Les candidats se présentent aux séances d'examen en *tenue de travail* (2).

A mesure que les candidats ont terminé les épreuves de con-

---

(1) Pendant une période qui ne dépassera pas l'année 1928, les règles d'élimination, en ce qui concerne le français, l'histoire et la géographie, ne seront pas appliquées aux candidats alsaciens-lorrains, qui auront obtenu le nombre de points exigé pour l'admissibilité et pour l'admission. (Rectificatif du 15 janvier 1923.)

(2) Rectificatif du 15 novembre 1923.

naissances générales, le président du jury les renvoie au jury d'examen militaire intéressé (en les faisant mettre en route par l'autorité militaire locale s'ils ont à rejoindre une place de rattachement). Il adresse journellement au président du jury d'examen militaire de chaque école de son ressort la liste des sous-officiers mis à sa disposition.

Immédiatement après la clôture des épreuves orales de connaissances générales dans chaque centre d'examen, le président du jury adresse au Ministre (Direction d'Armes) (1), pour chaque école ou subdivision d'école intéressée, l'état des notes données aux candidats (modèle n° 6 annexé à la présente instruction). Il signale les candidats qui, pour un motif quelconque, n'ont pas subi les épreuves de connaissances générales et rend compte des incidents qui ont pu se produire.

Art. 5. — *Examen d'instruction militaire et examen professionnel.*

A. — Centre d'examen.

Voir article 4 (titre II, § A), page 18.

B. — Nature des épreuves.

L'examen d'instruction militaire relatif à chaque école comprend des épreuves orales, théoriques et pratiques. Il porte sur toutes les parties des règlements et instructions en vigueur dans l'arme, indispensables à un chef de section ou de peloton.

C. — Exécution des épreuves.

Les épreuves militaires relatives à chaque école ou subdivision d'école sont subies devant un jury composé de cinq membres appartenant à l'arme correspondante, désignés par le Ministre. Ce jury a la composition suivante :

Un colonel ou lieutenant-colonel de l'arme, président;
Trois chefs de bataillon ou d'escadron de l'arme (2), membres;
Un capitaine ou lieutenant de l'arme, secrétaire.

Il est constitué un jury ayant la même composition que ci-dessus, pour examiner les candidats des chars de combat.
Le jury chargé d'examiner les candidats à l'Ecole militaire

---

(1) Direction de l'aéronautique pour les candidats à l'Ecole du génie (division de l'aéronautique).

(2) Pour l'examen des candidats à l'Ecole militaire d'artillerie (division du train des équipages) deux des chefs d'escadron de l'arme sont remplacés par deux chefs d'escadron d'artillerie.

du génie (division de l'aéronautique) est entièrement constitué d'officiers de l'aéronautique. Etant donné le très grand nombre de spécialités de l'aéronautique (aviation : chasse, bombardement, observation, aérostation), le président de ce jury peut demander, en cas de besoin, qu'un certain nombre d'officiers spécialistes supplémentaires lui soient adjoints pour constituer les sous-commissions destinées à faire passer les examens. Ces officiers ont voix délibérative à l'intérieur de la sous-commission.

Le jury des épreuves orales d'instruction générale pour l'Ecole d'administration de Vincennes fonctionne aussi pour les épreuves d'instruction militaire.

Les épreuves d'instruction militaire commencent, dans chaque centre d'examen, en principe, le lendemain ou le surlendemain du jour où les premiers candidats ont terminé les épreuves de connaissances générales.

Elles ont lieu tous les jours, excepté les dimanches et jours fériés.

Les candidats subissent, en principe, les épreuves d'instruction militaire dans le même ordre de passage que celui où ils ont subi les épreuves de connaissances générales.

Le président de chaque jury d'examen militaire fait connaître à l'avance et directement aux généraux gouverneurs militaires ou commandants de corps d'armée intéressés la date à laquelle le jury qu'il préside doit commencer à fonctionner dans chaque centre d'examen (ou place de rattachement).

Sur la demande du président de chaque jury d'instruction militaire, les commandants d'armes mettent à sa disposition, dans chaque centre d'examen, le nombre d'hommes et de chevaux et le matériel nécessaires. Ils désignent les locaux et terrains à affecter aux épreuves.

Les chevaux à attribuer aux candidats pour chaque épreuve sont désignés par le sort parmi ceux mis à la disposition du jury.

Chaque jour, le président du jury d'examen militaire fait afficher la liste des candidats qui seront interrogés dans la journée suivante. Ceux d'entre eux qui, sans motif valable, ne se présentent pas lorsqu'ils sont appelés, peuvent être punis disciplinairement et être exclus du concours (I).

(I) Les candidats au titre des chars de combat seront interrogés, aux dates fixées par les présidents des jurys militaires des écoles ou subdivisions d'école auxquelles ils se présentent après accord avec le président du jury militaire spécial des chars de combat. En vue d'éviter à ces derniers un trop long séjour dans les centres d'examens, les candidats devront être groupés dans chaque catégorie.

Le président de chaque jur d'examen militaire prend, d'après les besoins et les usages de l'arme à laquelle il appartient, et en se conformant aux instructions qu'il a reçues de la direction d'arme intéressée, toutes les dispositions de détail propres à permettre au jury de constater la valeur des candidats.

Le jury d'examen opère, en principe, groupé. Toutefois, pour les matières d'examen où sa réunion ne paraît pas indispensable, il peut se diviser en sous-commissions de deux membres (à l'exclusion du capitaine secrétaire). Les matières d'examen visées ci-dessus sont alors réparties entre les deux sous-commissions constituées.

L'examen professionnel est passé après l'examen d'instruction militaire.

Lorsque le jury opère groupé (1), la note à attribuer pour chaque matière (ou groupe de matières) est la moyenne des quatre cotes données par les quatre membres du jury d'examen (à l'exclusion du capitaine secrétaire).

Lorsque le jury opère en sous-commission, la note à attribuer est la moyenne des deux notes données par les deux membres de la sous-commission.

Toute note définitive inférieure à 4 sur une matière (ou groupe de matières) entraîne l'exclusion du candidat (2).

Immédiatement après la clôture des opérations dans chaque centre d'examen, le président du jury d'examen militaire adresse au Ministre (Directions d'Armes) l'état des notes données aux candidats (modèle n° 7 annexé à la présente instruction). Il signale les sous-officiers qui, pour un motif quelconque, n'ont pas subi les épreuves et rend compte des incidents qui ont pu se produire.

Les sous-officiers sont mis en route sur leur garnison, par les soins du président du jury d'examen militaire, le lendemain du jour où ils ont terminé les épreuves afférentes à cet examen.

---

(1) Dans le cas où, le jury opérant groupé, un des officiers supérieurs du jury serait absent pour raison de force majeure, la note définitive serait la moyenne des trois seules cotes données.

(2) Exception est faite pour l'épreuve d'équitation des candidats à la division du génie de l'Ecole de Versailles, cette épreuve ne comporte pas de note éliminatoire. Les candidats à Saint-Maixent ne pourront être éliminés pour insuffisance à l'examen d'instruction physique que si la moyenne des notes obtenues pour les six épreuves partielles est inférieure à 4.

D. — Dispositions communes aux épreuves orales d'instruction générale et d'instruction militaire.

Les présidents des divers jurys d'examens sont dispensés de rendre, dans les centres d'examens, aux commandants d'armes, les visites officielles prévues par le règlément.

Pendant toute la durée du séjour des commissions dans les centres, les commandants d'armes mettront à la disposition des présidents de jurys, les moyens de transport pour personnel et matériel dont ceux-ci feront la demande.

En ce qui concerne les fraudes pouvant se produire aux épreuves orales, les présidents des divers jurys ont les pouvoirs définis au titre II (article 3, paragraphe E). Ils rendent compte, dans ce cas, immédiatement au Ministre (Directions d'Armes).

En fin de mission, les correcteurs et les présidents des jurys d'examen remettent au Ministre (Directions d'Armes) les observations auxquelles ont donné lieu les divers examens. Ces derniers les font parvenir avec leur avis à l'état-major de l'armée (Bureau des Ecoles).

TITRE III.

Art. 6. — *Coefficients. — Majorations.*

A. — Echelle de notation, cote d'ensemble.

L'échelle de notation à utiliser, en ce qui concerne les notes à donner tant dans la correction des compositions écrites que dans les examens oraux de connaissances générales ou d'instruction militaire, est la suivante :

Parfaitement	20, 19.
Très bien	18, 17.
Bien	16, 15, 14.
Assez bien	13, 12.
Passable	11, 10.
Médiocre	9, 8.
Faible	7, 6, 5.
Mal	4, 3, 2.
Très mal, nul	1, 0.

Les candidats sont notés suivant l'échelle de 0 à 20 pour chaque matière (ou groupe de matières) affectée d'un coefficient.

Indépendamment des notes constatant le degré d'instruction militaire, le jury d'examen militaire donne à chaque candidat une note, dite d'aptitude générale, résumant, par un chiffre de 0 à 20, la valeur militaire du candidat, son aptitude au commandement, sa tenue, sa conduite, sa manière de servir.

Cette cote d'ensemble est donnée après que le candidat a subi les épreuves d'instruction militaire, compte tenu de son dossier et des différentes notes des chefs hiérarchiques figurant sur le mémoire de proposition.

La note à attribuer est la moyenne des notes données par les membres du jury (à l'exclusion de l'officier secrétaire).

B. — Coefficients.

Le détail des coefficients afférents à chaque arme est donné par le tableau n° II annexé à la présente circulaire.

C — Majorations.

I. — Les majorations ci-après sont accordées aux candidats à l'Ecole d'administration militaire de Vincennes :

a) 10 points par année *complète* à la date du 31 décembre 1921 pendant laquelle les candidats ont occupé l'emploi de sergent-major ou maréchal des logis chef;

b) 10 points pour les candidats à la section E brevetés mécaniciens d'aéronautique.

II. — Les majorations ci-après sont accordées aux candidats à toutes les écoles :

1° *Au titre des campagnes antérieures à 1914 :*

a) 1/2 point par mois de campagne simple, 1 point par mois de campagne double ou de guerre;

b) 10 points par blessure de guerre;

c) 15 points par citation ou par lettre de félicitations du Ministre (avec ou sans inscription au *Bulletin officiel*), accordée pour faits de guerre;

d) 20 points si le candidat est décoré ou médaillé (1).

2° *Au titre des services de guerre 1914-1920 :*

1/2 point par mois de campagne simple;

1 point par mois de présence aux armées comptant pour l'obtention des brisques;

---

(1) Sans cumul avec la citation qui a entraîné l'inscription pour la Légion d'honneur ou la médaille militaire.

5 points par citation à l'ordre du régiment ou de la brigade ;

10 points par citation à l'ordre de la division ou du corps d'armée;

15 points par citation à l'ordre de l'armée;

20 points si le candidat est décoré ou médaillé (1);

10 points par blessure de guerre;

60 points si le candidat est officier à titre temporaire (cette dernière majoration est acquise aux candidats (2) qui, ayant servi avant l'armistice comme officiers pendant la guerre 1914-1918, ont démissionné pour rengager comme sous-officiers).

Ces dispositions sont applicables aux officiers de réserve provenant des élèves officiers de réserve et qui ont démissionné pour rengager comme sous-officiers (3).

3° *Au titre des campagnes postérieures à 1919 :*

a) 1/2 point par mois de campagne simple; 1 point par mois de campagne double ou de guerre;

b) 10 points par blessure de guerre;

c) Pour les théâtres d'opérations extérieurs :

5 points par citation à l'ordre du régiment ou de la brigade;

10 points par citation à l'ordre de la division ou du corps d'armée;

15 points par citation à l'ordre de l'armée;

20 points si le candidat est décoré ou médaillé (1)

Nota. — Ces citations sont décernées dans les conditions définies par l'instruction du 18 septembre 1921 pour l'application du décret du 12 septembre 1921 sur la croix de guerre des théâtres d'opérations extérieurs (addition du 1er mars 1922, *Bulletin officiel*, page 337).

III. — Les majorations ci-après sont accordées aux candidats à toutes les écoles.

10 points pour le brevet d'enseignement primaire supérieur ou le certificat d'études primaires supérieur;

20 points pour le brevet supérieur;

25 points pour la 1re partie du baccalauréat (4);

15 points pour la 2e partie du baccalauréat (4);

---

(1) Sans cumul avec la citation qui entraîne l'inscription pour la Légion d'honneur ou la médaille militaire.

(2) Rectificatif du 3 mai 1922 (*Bulletin officiel*, page 1435).

(3) Paragraphe ajouté. (Additif du 12 février 1924, *Bulletin officiel*, page 603.)

(4) Ces majorations ne sont attribuées qu'une seule fois aux candidats titulaires de plusieurs diplômes de la même catégorie (première ou deuxième partie du baccalauréat).

10 points pour le certificat d'études supérieures;

40 points pour une licence quelle qu'elle soit (cette majoration exclut les majorations pour certificat d'études supérieures nécessaires pour l'obtention de la licence).

NOTA. — En aucun cas le total des points de majoration attribués au titre des paragraphes I et II ci-dessus ne pourra excéder une fois et demie celui des coefficients inscrits au programme.

Les points de majoration n'entrent en ligne de compte que pour l'admission.

TITRE IV.

Classement.

Le Ministre (Directions d'Armes) transmet aux officiers supérieurs présidents des jurys d'examen militaire les dossiers scellés contenant les compositions les concernant (1).

ART. 7. — *Numérotage des compositions.*

Les présidents des jurys militaires vérifient que chaque composition porte bien (2) :

1° Sur l'en-tête;

2° Sur la composition même, la désignation de l'école ou subdivision d'école à laquelle se présente le candidat.

Ils collationnent ces indications avec celles des bordereaux modèle n° 4, ainsi qu'avec les renseignements fournis par la Direction d'arme intéressée.

Ils affectent un numéro d'ordre à chaque candidat en inscrivant ce numéro sur toutes ses compositions, ainsi que sur les en-têtes et détachent ensuite les en-têtes.

Pour le numérotage des compositions, on utilise les séries de numéros ci-après :

---

(1) Président du jury d'examen militaire de la division de l'aéronautique pour les compositions des candidats à l'Ecole militaire du génie (division de l'aéronautique).

(2) Les compositions des officiers à titre temporaire appartenant à une arme autre que l'infanterie et candidats à une école de leur arme, au titre des chars de combat, sont numérotées par les présidents des jurys militaires des écoles ou subdivisions d'écoles, auxquelles ils se présentent.

Ecole de Saint-Maixent (infanterie métropolitai-
ne. . . . .   1 à 1.000
Ecole de Saumur. . . . .   1.001 à 2.000
Ecole de Versailles (1).   2.001 à 3.000
Ecole de Fontainebleau (artillerie métropoli-
taine. . . . .   3.001 à 4.000
Ecole de Fontainebleau (train des équipages mi-
litaires. . . . .   4.001 à 4.500
Ecole d'administration (section B). . . . .   4.501 à 5.000
Ecole de Saint-Maixent (infanterie coloniale)...   5.001 à 6.000
Ecole de Fontainebleau (artillerie coloniale)...   6.001 à 7.000
Ecole d'administration (section A). . . . .   7.001 à 7.500
Ecole d'administration (section C). . . . .   7.501 à 8.000
Ecole d'administration (section D). . . . .   8.001 à 8.500
Ecole d'administration (section E). . . . .   8.501 à 9.000

Ces relevés ou collationnements terminés, les présidents de
jury placent sous scellés les en-têtes de compositions de leur
ressort et adressent les feuilles de composition numérotées au
Ministre de la guerre (Directions d'Armes intéressées) (2), qui
les distribue aux correcteurs.

Art. 8. — Correction des compositions (3).

Des correcteurs en nombre variable, suivant la nature des
épreuves, sont désignés par le Ministre (Etat-Major de l'Armée;
Bureau des Ecoles), sur la proposition des directions d'armes
intéressées, pour corriger les compositions écrites d'admission
aux différentes écoles ou subdivisions d'école.

Les compositions françaises pourront être corrigées successi-
vement par deux correcteurs opérant indépendamment l'un de
l'autre.

Les correcteurs cotent chaque composition dans l'échelle de 0
à 20 en inscrivant la note donnée sur la composition même (4).

---

(1) Les numéros affectés aux candidats à l'Ecole de Versailles (division
de l'aéronautique) prendront l'indice Aé.

(2) Direction de l'aéronautique pour les candidats à l'Ecole de Versailles
(division de l'aéronautique).

(3) Texte nouveau. (Rectificatif du 11 mars 1922, Bulletin officiel, page
925.)

(4) Par dérogation à cette disposition, les correcteurs des compositions
comportant une double correction inscrivent leurs notes sur les états
ad hoc et non sur les feuilles de composition, la note à attribuer à l'épreuve
est la moyenne des deux notes données respectivement par les deux correcteurs.

Ils renvoient les compositions cotées au Ministre de la guerre (Direction d'Armes) (1) qui communique au président du jury militaire un état des notes attribuées aux compositions.

Toute note inférieure à 4 en composition française, ou deux notes inférieures à 4 dans les autres épreuves (2), entraînent l'ajournement du candidat, exception faite pour les notes de langues vivantes, qui résultent d'une épreuve facultative.

Art. 9. — *Etablissement des listes d'admissibilité.*

Les jurys d'examen militaire, multipliant les notes des correcteurs par les coefficients fixés pour chaque école par le tab'eau n° II annexé à la présente instruction, calculent les nombres de points à attribuer aux différentes compositions.

Le président de chaque jury dresse alors, pour chaque école ou subdivision d'école de son ressort, un état général portant les numéros d'ordre des compositions avec l'indication des notes données à chacune d'elles, de leurs produits par les coefficients et de la somme de ces produits. Il établit ensuite une liste de tous ces numéros par ordre de mérite d'après la somme totale des points obtenus.

En ce qui concerne les sections B et C de l'Ecole d'administration militaire de Vincennes, des listes distinctes sont établies pour les candidats des troupes métropolitaines et pour les candidats des troupes coloniales. En outre, pour la section B, elles sont établies par spécialités (comptables, artificiers, ouvriers).

Chacune des listes par ordre de mérite, est adressée au Ministre (Directions d'Armes) avec les propositions relatives au nombre de candidats à déclarer admissibles. Les directions transmettent ces listes avec leur avis à l'état-major de l'armée (3° Bureau; Section des Ecoles).

Après la décision du Ministre, le président du jury d'examen

---

(1) Voir la note (2) de la page précédente.

(2) Pendant une période qui ne dépassera pas l'année 1928, les règles d'élimination, en ce qui concerne le français, l'histoire et la géographie, ne seront pas appliquées aux candidats alsaciens-lorrains, qui auront obtenu le nombre de points exigé pour l'admissibilité et pour l'admission. Après l'arrêté de la liste anonyme d'admissibilité, le président du jury militaire examinera les notes des Alsaciens-Lorrains qui n'y sont pas compris et proposera d'y ajouter ceux qui rempliront les conditions indiquées au paragraphe précédent. (Rectificatif du 15 janvier 1923.)

militaire procède à l'ouverture du pli scellé renfermant les entêtes imprimés et inscrit sur la liste de classement les noms des candidats en regard des numéros d'ordre correspondants. Ces listes de classement sont alors envoyées à l'état-major de l'armée (3e Bureau, Section des Ecoles).

Les listes des candidats « admissibles » sont publiées dans le *Journal officiel* par les soins des directions d'armes intéressées; elles sont établies dans l'ordre des corps d'armée, et, pour chaque corps d'armée, dans l'ordre de bataille des corps et services.

Art. 10. — *Etablissement des listes d'admission.*

Immédiatement après la fin des épreuves orales, chaque jury d'examen militaire reçoit en communication du Ministre (Directions d'Armes) :

a) Des notes obtenues par chaque candidat : 1° dans les épreuves écrites; 2° dans les diverses épreuves de connaissances générales; 3° dans les diverses épreuves de connaissances militaires;

b) De la note d'aptitude générale et des majorations.

Il dresse alors la liste par ordre de mérite qui le concerne.

Pour les sections B et C de l'Ecole d'administration militaire de Vincennes les listes sont établies séparément pour les candidats des troupes métropolitaines et pour ceux des troupes coloniales. En outre, pour la section B elles sont établies par spécialités (comptables, artificiers, ouvriers des diverses catégories); de même pour la section E (comptables, contrôleurs de matériel).

A cet effet, le président du jury multiplie les notes obtenues par chaque candidat dans les diverses épreuves orales de connaissances générales et d'instruction militaire par les coefficients fixés pour chaque école par le tableau (page 43) annexé à la présente instruction. Il totalise ensuite ces points pour chaque candidat, en y ajoutant les points de majoration, ainsi que les points obtenus pour la note d'aptitude générale et pour les diverses épreuves écrites.

Chacune des listes par ordre de mérite est remise à la direction d'arme intéressée avec les propositions relatives au nombre de candidats à admettre à l'école; les listes sont adressées à l'état-major de l'armée (3e bureau, Section des Ecoles) par les directions qui y joignent leur avis.

Après la décision du Ministre, les listes définitives d'admission établies par ordre de mérite, sont publiées au *Journal officiel* par les soins des directions d'armes intéressées (1).

En principe, ces listes sont publiées le même jour pour toutes les écoles ou subdivisions d'écoles, en tenant compte des déclarations d'option faites, avant l'examen, par les candidats (voir article 2, 9°) (1).

Ces listes sont complétées par un nota donnant, pour mémoire, les noms des candidats qui, ayant subi avec succès les épreuves du concours, ne figurent pas néanmoins dans la liste des admis, par suite de leur option pour une autre école ou subdivision d'école (1).

Les candidats inscrits sur les listes d'admission sont mis en route par leurs corps, de façon à se présenter aux diverses écoles au jour et à l'heure fixés par un avis inséré au *Journal officiel;* ils sont pourvus, par leurs corps, de tous les effets prévus par le règlement sur le service de l'habillement et ont droit à l'indemnité de route.

Article 10 *bis* (2). Communication des notes aux candidats ayant échoué aux épreuves écrites ou aux épreuves orales.

Les directions intéressées communiquent par la voie hiérarchique aux candidats ayant échoué aux épreuves écrites ou aux épreuves orales des appréciations sur les notes qu'ils ont obtenues dans les diverses matières, à l'exception de celle qui a trait à la note d'aptitude générale.

Ces appréciations sont données d'après les indications du tableau de concordance ci-après :

0,	1,	2,	3,	4.	Mal.
	5,	6,	7.		Médiocre.
8,	9,	10,	11.		Passable.
	12,	13,	14.		Assez bien.
	15,	16,	17.		Bien.
	18,	19,	20.		Très bien.

---

(1) Rectificatif du 15 novembre 1923.

(2) Article ajouté. (Additif du 15 février 1924, *Bulletin officiel*, page 609.)

TITRE V.

Dispositions spéciales à l'armée coloniale et aux candidats de l'armée métropolitaine détachés aux colonies et dans les T. O. E.

Art. 11.

A. — Dispense de tour de départ ou de service colonial.

'Les candidats appartenant à des éléments des troupes coloniales stationnés en France sont soumis, pour l'admission aux écoles militaires, aux mêmes règles que les candidats des troupes métropolitaines.

Les candidats de l'armée métropolitaine et ceux de l'armée coloniale pourront bénéficier des dispenses de tour de départ aux T. O. E., aux colonies ou du tour de service colonial dans les conditions ci-après :

a) Tout candidat autorisé par son chef de corps ou de service à préparer les examens d'admission à une école militaire est dispensé du tour de départ à partir du 1er mai de l'année qui précède l'année du concours, jusqu'à la publication des listes d'admissibilité, et, s'il est admissible, jusqu'à l'issue du concours (1);

b) Tout candidat admissible à un concours et non reçu est maintenu jusqu'au concours suivant, s'il en fait la demande; cette dispense est renouvelable une fois seulement;

c) Tout candidat non admissible peut également être maintenu en France jusqu'au concours suivant, la demande faite par ce militaire doit être transmise au Ministre pour décision.

Cette dernière dispense n'est pas renouvelable;

d) Les candidats reçus entrent à l'école.

B. — Exécution des épreuves écrites en Indo-Chine, en Afrique orientale, en Afrique occidentale et en Afrique équatoriale.

Dans les colonies désignées ci-dessus, les commandants supérieurs des troupes statuent sur le maintien ou l'ajournement des propositions.

---

(1) Rectificatif du 15 janvier 1923.

Ils adressent au Ministre (Directions d'Armes), pour le 1er février au plus tard, un état faisant connaître les noms des candidats, les différentes écoles ou subdivisions d'écoles auxquelles ils se présentent et leur répartition par centre de composition; cet état, qui sera fourni, même s'il n'y a aucun candidat, servira de base à l'envoi des sujets de composition et des imprimés nécessaires.

Les candidats subissent, dans la colonie, les épreuves écrites aux mêmes dates que dans la métropole.

A cet effet, le commandant supérieur des troupes reçoit, en temps utile, du Ministre de la guerre (Directions d'Armes) les sujets des épreuves écrites et les imprimés nécessaires.

Le commandant supérieur organise les épreuves écrites dans les colonies de son ressort, en s'inspirant des dispositions spécifiées dans la présente instruction.

Les compositions sont faites et surveillées dans des conditions analogues à celles prévues par la présente instruction (§ F, art. 3). Elles sont adressées au commandant supérieur des troupes, qui les fait corriger et arrête les listes d'admissibilité.

Les candidats déclarés admissibles sont renvoyés en France pour prendre part aux épreuves orales dans les centres précités (voir art. 4, § A, du titre II), page 18.

Les notes données aux compositions écrites par les correcteurs désignés dans la colonie servent exclusivement à l'établissement des listes d'admissibilité spéciales à la colonie, sans aucune fusion avec les listes établies en France. En conséquence, ces notes ne sont pas inscrites sur les compositions (1).

Les dossiers des candidats déclarés admissibles ainsi que les compositions écrites de ces derniers sont transmis au Ministre en même temps que l'avis de rapatriement des intéressés dont la rentrée en France doit avoir lieu de façon à leur permettre de participer aux épreuves orales.

Les notes définitives à attribuer aux compositions faites aux colonies sont données par les correcteurs des compositions similaires de la métropole et leur correction est assujettie aux mêmes règles que celle de ces dernières.

Les compositions de langues vivantes, n'entrant pas en ligne de compte pour l'admissibilité, sont corrigées par les correcteurs de la métropole exclusivement.

Les candidats subissent les épreuves orales dans les centres

---

(1) Rectificatif du 15 novembre 1923.

d'examen indiqués à l'article 4 (§ A) du titre II de la présente instruction (page 18).

C. — Dispositions particulières aux candidats provenant des autres colonies.

Dans les colonies autres que celles visées au paragraphe précédent, les commandants supérieurs des troupes statuent sur le maintien ou l'ajournement des propositions. Ils renvoient en France, en temps utile pour prendre part aux épreuves écrites et orales, les sous-officiers dont la proposition a été acceptée.

TITRE VI.

Dispositions particulières aux candidats se présentant au titre des chars de combat.

(Supprimé par le rectificatif du 15 novembre 1923.)

TITRE VII.

Dispositions particulières aux candidats de l'aéronautique.

Ainsi qu'il ressort des précédents titres, l'Ecole du génie sera seule chargée, en 1924, de former des officiers pour l'aéronautique dans une division spéciale, dite « division de l'aéronautique ».

Les candidats de l'aéronautique à l'Ecole militaire du génie subiront les mêmes épreuves écrites et orales de connaissances générales que les candidats du génie; moins, toutefois, l'épreuve de dessin de l'Ecole. Ils subiront devant leur jury spécial les épreuves de connaissances militaires dont le détail est porté au tableau n° 2 joint à la présente instruction. Ils seront classés entre eux, tant pour l'admissibilité que pour l'admission, en une seule liste (quelle que soit leur origine, aviation, aérostation).

Les candidats reçus sous-officiers élèves officiers, suivront simultanément, à Versailles, les cours d'instruction générale de l'Ecole militaire du génie et des cours spéciaux d'instruction militaire au centre d'études de l'aéronautique.

Les candidats de l'aéronautique qui se présenteront à une école au titre de l'arme, subiront l'examen des candidats de l'arme et seront classés avec eux.

CONCOURS D'ADMISSION AUX ÉCOLES DE SOUS-OFFICIERS ÉLÈVES OFFICIERS

TABLEAU Nº I. — *Centres de compositions écrites.*
(Modifié par rectificatif du 8 février 1924, *Bulletin officiel*, page 563.)

DÉSIGNATION DES CENTRES DE COMPOSITIONS

RÉGIONS DE CORPS D'ARMÉE.	CONCOURS de SAINT-MAIXENT.	CONCOURS de SAUMUR.	CONCOURS DE VERSAILLES (génie) et VINCENNES (section C).	CONCOURS DE VINCENNES — SECTION A.	CONCOURS DE VINCENNES — SECTION D.	CONCOURS DE POITIERS (art. métropolit., art. coloniale, T. E. M., école d'adm. section B).
1re	Lille.		Arras. Lille.	Lille.	»	Douai.
3e	Rouen.		Rouen.	Rouen. Cherbourg.	»	Rouen.
4e	Le Mans.		Le Mans.	Le Mans.	»	Le Mans.
5e	Orléans. Bourges.		Orléans.	Orléans. Bourges.	»	Orléans.
6e	Metz. Châlons.		Metz.	Metz.	»	Metz.
7e	Belfort.		Besançon.	Besançon.	»	Besançon.
8e	Dijon.		Dijon.	Troyes. Dijon.	»	Dijon.
9e	Poitiers. Tours.		Angers. Tours.	Tours. Poitiers.	»	Poitiers.
10e	Rennes. Brest.	Les centres de compositions écrites sont fixés en temps utile par le Ministre (Direction de la Cavalerie).	Rennes.	Rennes. Brest.	Cherbourg.	Rennes.
11e	Nantes.		Nantes.	Nantes. Vannes.	Brest.	Nantes. Lorient.
12e	Angoulême.		Limoges.	Limoges. Périgueux.	»	Angoulême.
13e	Clermont.		Clermont.	Saint-Étienne Clermont.	»	Clermont.
14e	Lyon. Grenoble.		Grenoble.	Lyon. Grenoble.	Lyon.	Grenoble. Lyon.
15e (1)	Marseille. Toulon.		Avignon.	Marseille.	Toulon.	Nîmes. Toulon.
16e	Montpellier.		Montpellier.	Montpellier.	Perpignan.	Montpellier.
17e	Toulouse.		Toulouse.	Toulouse.	»	Toulouse.
18e	Bordeaux. Bayonne.		Bordeaux.	Bordeaux.	Rochefort.	Tarbes. Bordeaux.
20e	Nancy. Strasbourg.		Toul. Nancy. Epinal. Strasbourg.	Nancy.	»	Nancy.
Gouv. militaire de Paris	Paris (2).		Versailles.	Paris.	Paris.	Versailles. Vincennes.
19e (3)	»	»	»	»	»	»
Tunisie (3)	»	»	»	»	»	»
Maroc (3)	»	»	»	»	»	»
Divers (3)	»	»	»	»	»	»

(1) Il est organisé, en outre, en Corse, un centre de compositions pour tous les concours.

(2) Il est organisé pour les corps de troupe d'infanterie du gouvernement militaire de Paris, deux ou trois centres de compositions suivant les dispositions spéciales prises à ce sujet par le gouvernement militaire de Paris.

(3) Le général commandant l'armée française du Rhin, le général commandant la division d'occupation de Tunisie, le général commandant le 19e corps d'armée, le maréchal commissaire résident général de France au Maroc, le général commandant l'armée du Levant, les généraux commandant les formations sur les autres territoires hors de France, etc... organisent le nombre de centres de composition qu'ils estiment nécessaire. Ils rendent compte au Ministre (Directions d'armes du nombre de centres prévus et de la répartition des candidats entre les centres) de façon à permettre l'envoi des imprimés et des sujets de composition.

NOTA. — Les candidats à la section E seront réunis dans les centres suivants : 1° à Metz ceux des 6e, 7e 20e et 21e régions, ainsi que ceux de l'armée du Rhin; 2° à Paris, ceux des autres corps d'armée.

Le général commandant l'armée du Rhin, le général commandant la division d'occupation de Tunisie, le général commandant le 19e corps d'armée, le maréchal commissaire résident général de France au Maroc (etc.), organisent le nombre de centres de composition qu'ils estiment nécessaire.

Tableau N° II. — *Coefficients.*

Ecole d'administration militaire de Vincennes.

CONCOURS DE 1922 ET ANNÉES SUIVANTES.

(SECTIONS A ET D.)

CONNAISSANCES GÉNÉRALES.

Epreuves écrites.

Composition française.	10	
Histoire.	5	30
Géographie.	5	
Arithmétique, algèbre, géométrie	10	
Langues vivantes (facultatives) : 2 pour chaque langue (1).		

Epreuves orales.

Littérature et langue française	8	
Histoire.	12	
Géographie.	10	
Arithmétique et algèbre	10	
Géométrie.	10	80
Administration et comptabilité	6	
Physique et chimie	8	
Règlements (2).	6	
Note d'aptitude générale	10	

110

SECTION B.

Epreuves écrites.

(Comptables, chefs artificiers et chefs ouvriers.)

Coefficients.

Composition française.	8	
Histoire.	4	
Géographie.	4	30
Arithmétique, algèbre et géométrie	10	
Dessin linéaire.	4	
Langues vivantes (facultatives) : 2 pour chaque langue (1).		

---

(1) Examen portant seulement sur les langues allemande, anglaise, russe et arabe. (Rectificatif du 15 janvier 1923.)

(2) Service de place, Service intérieur, Manuel du chef de section d'infanterie (titres 1 à 5).

Examens oraux.

	COMPTA-BLES.	ARTIFI-CIERS artillerie métropolitaine et coloniale.	OUVRIERS EN FER, en bois, de l'artillerie métropolitaine et ouvriers d'état de l'artillerie coloniale.	OUVRIERS SELLIERS.
Littérature et langue française	6	5	5	5
Histoire	6	5	5	5
Géographie..................	6	5	5	5
Arithmétique et algèbre...	6	5	5	5
Géométrie	6	5	5	5
Physique et chimie	2	5	2	2
Administration et comptabilité	14	5	5	5
Cours spécial...............	12	5	5	5
Télégraphie.................	6	4	»	»
Règlements (1)..............	6	3	3	3
Croquis à main levée......	»	3	7	3
Examen professionnel	»	20	23	27
TOTAL........	70	70	70	70
Note d'aptitude générale...	10	10	10	10
TOTAL	110	110	110	110

SECTION C.

Coefficients.

Epreuves écrites.

Composition française.	7	
Histoire.	4	
Géographie.	3	30
Arithmétique, algèbre et géométrie........................	9	
Dessin linéaire.	7	
Langues vivantes (facultatives) (2) : 2 pour chaque langue.		

A reporter........ 30

---

(1) Service de place, service intérieur, service en campagne.
(2) Examen portant seulement sur les langues allemande, anglaise, russe et arabe.

Epreuves orales.

Report........		30
Littérature et langue française.....................	5	
Histoire...	5	
Géographie..	3	
Arithmétique et algèbre.............................	10	45
Topographie..	9	
Géométrie et géométrie descriptive..............	10	
Physique et chimie..................................	3	

Instruction militaire théorique (règlements) (1)........... 8

Instruction militaire pratique	Manuel du chef de section (chapitres VI et VII).....................	5	
	Organisation du terrain.................	5	25
	Instruction pratique sur le service du génie en campagne et combat des petites unités.....................	3	
	Notions sur le matériel.................	4	

Notes d'aptitude générale...................................... 10

TOTAL........ 110

Les candidats conducteurs des travaux de l'artillerie coloniale subissent les mêmes épreuves écrites et orales *de connaissances générales et d'instruction militaire théorique*, à l'exception toutefois du « Règlement provisoire de manœuvre d'infanterie ».

Pour l'instruction militaire pratique, le programme ci-dessus est remplacé par le suivant :

Instruction militaire pratique	Compléments de topographie........	7
	Notions sur la construction..........	5
	Travaux des bivouacs, camps et cantonnements........................	3
	Terrassements et explosifs..........	2

---

(1) Service de place, Service intérieur de l'arme du candidat, Manuel du chef de section d'infanterie (titres I à V), Service en campagne, Règlement provisoire de manœuvre d'infanterie, Instruction du tir et sur la protection contre les gaz, Administration et comptabilité.

SECTION E.

Coefficients.

	COMPTABLES.	CONTROLEURS DU MATÉRIEL.
Epreuves écrites.		
Composition française............	10	8
Histoire.....................	5	4
Géographie...................	5 }30	4 }30
Arithmétique, algèbre et géométrie.	10	10
Dessin linéaire.............. ...	»	4
Langues vivantes facultatives : 2 pour chaque langue (1).		
Epreuves orales.		
Littérature et langue française....	8	5
Histoire.....................	10	5
Géographie...................	8	5
Arithmétique et algèbre..... ...	10	10
Géométrie....................	10	10
Physique et chimie.............	5	2
Comptabilité et administration....	8	5
Matériel aéronautique	5	5
Règlements (2)................	6	2
Croquis à main levée.............	»	5
Examen professionnel...........	»	16
TOTAL...........	70	70
Note d'aptitude générale.....	10	10
	110	110

(1) Examen portant seulement sur les langues anglaise, allemande, russe et arabe.
(2) Service intérieur des corps de troupe (les candidats seront interrogés sur le règlement concernant leur arme), service de place, service en campagne.

CONCOURS DE 1922 ET 1923.
Écoles militaires d'infanterie, de cavalerie, d'artillerie et du génie.
Ecole militaire d'infanterie.

CONNAISSANCES GÉNÉRALES.
Épreuves écrites.

Composition française.	8	
Histoire.	4	
Géographie.	4	28
Arithmétique et algèbre.	6	
Géométrie.	6	

Langues vivantes (facultatives) : 2 pour chaque langue (1).

Épreuves orales.

Littérature et langue française.	6	
Histoire.	6	
Géographie.	6	
Arithmétique.	4	
Algèbre et trigonométrie.	5	40
Géométrie.	5	
Physique.	4	
Chimie.	4	

CONNAISSANCES MILITAIRES.
I. — *Instruction théorique* (2).

Règlement provisoire de manœuvre de l'infanterie et Manuel du chef de section.		
Règlement concernant les gaz de combat.	7	
Instruction provisoire sur la pratique du tir.		
Instruction sur le matériel de tir de l'infanterie.		
Instruction sur le fusil 1907-1915 et sur le fusil 1907-1915 modifié 1916.		
Sur le fusil-mitrailleur modèle 1915.	4	20
Sur le dressage des grenadiers.		
Instruction sur les unités de mitrailleuses, le canon de 37 et les mortiers Stokes.	4	
Projet de Règlement général d'éducation physique du 1er juillet 1919 et Règlement sur l'entraînement physique du combattant du 1er septembre 1918.	2	
Service intérieur et Service des places.	2	
Comptabilité de la compagnie en temps de paix et en campagne.	1	

II. — *Instruction pratique.*

Instruction individuelle et du groupe.	6	
Instruction du tir.	4	20
Tir pratique (3).	2	
Ecole de section et lecture des cartes.	8	

A reporter.	108

(1) Examen portant seulement sur les langues allemande, anglaise, russe et arabe.

(2) Rectificatif du 15 novembre 1923.

(3) L'épreuve du tir pratique consistera en un tir de précision de 8 cartouches exécuté à 200 mètres dans la position couchée, sur la cible à zones réglementaires. Les candidats sont autorisés à apporter l'arme avec laquelle ils tirent habituellement.

Chaque candidat disposera de deux balles d'essai ; les balles seront respectivement comptées pour 0, 1, 2, 3 et 4 points suivant la zone dans laquelle se trouve leur point d'impact.

Aptitude physique.

Report...... 108

Éducation physique (1).

Saut en longueur avec élan................................	1
Lancement du poids de 7 kgr. 257 (moyenne des deux bras).	1
Grimper à la corde lisse................................	1
100 mètres plat individuel.............................	1
Saut en hauteur avec élan............................	1
Rétablissement à la barre............................	1
1.000 mètres plats (individuel)........................	1
Escrime (2)	3

10

Notes d'aptitude générale........................... 10

Total.................... 128

École militaire d'infanterie. — Chars de combat.

CONNAISSANCES GÉNÉRALES.

Mêmes épreuves écrites et orales que celles de l' « Ecole militaire d'infanterie ».

CONNAISSANCES MILITAIRES.

(Programme commun à tous les candidats se présentant à une école au titre des chars de combat.)

Instruction théorique.

Projet de règlement de manœuvres :

Titres I et II (bases de l'instruction, manœuvre à pied)..	1
Titre III (école du mécanicien de char)................	1
Titre IV (école de chef de char) ()....................	2
Titres V et VI (combat, évolutions)....................	3
Titre VII (service en campagne).......................	2
Titre VIII (description et entretien du matériel).........	5
Instruction sur l'emploi des chars de combat comme engins d'infanterie...	2
Règlement d'infanterie................................	2
Service intérieur....................................	1
Service des places..................................	1
Comptabilité de compagnie............................	1
Règlement d'éducation physique.......................	1

22

A reporter....... 22

---

(1) Les notes d'éducation physique seront données en se basant sur le tableau des performances du *Projet de Règlement général d'éducation physique*, 4ᵉ partie, titre 1ᵉʳ, page 7.

(2) L'épreuve d'escrime n'est pas subie par les sous-officiers de l'infanterie coloniale; pour ces derniers, le coefficient de l'éducation physique est porté de 7 à 10.

(3) Y compris l'armement (mitrailleuses et canons de 37 S, description, fonctionnement, entretien).

Note d'aptitude générale............ 4

Instruction pratique.

Report........   22

Ecole et instruction du mécanicien de char............... 7
Ecole et instruction du chef de char..................... 7
Combat de la section de char............................. 7
Lecture des cartes....................................... 2
Conduite des véhicules automobiles...................... 1
    Aptitude physique :
Saut en longueur avec élan................... 1
Lancement du poids de 7 kgr. 257 (moyenne des
    deux bras)............................. 1
100 mètres plat (individuel)................. 1   6
Saut en hauteur avec élan.................... 1
Rétablissement à la barre................... 1
1.000 mètres plat (individuel).............. 1
Escrime.. 3

} 33

Note d'aptitude générale.......................   10

Total des coefficients des connaissances générales et militaires.   135

École d'application de cavalerie.

(Mêmes épreuves écrites et orales que celles de l' « Ecole militaire
d'infanterie ».)

CONNAISSANCES MILITAIRES.

Instruction théorique.

Service en campagne..................................... 4
Service intérieur et service de place................... 1
Règlements d'exercices.................................. 5
Comptabilité d'escadron................................. 1   } 17
Hippologie et hygiène des chevaux....................... 2
Tir et armes automatiques............................... 4

Instruction pratique.

Comme exécutant : emploi du groupe de combat et du pe-
loton.. 9
Comme instructeur : instruction du cavalier et du groupe
de combat... 9
Lecture de cartes....................................... 2
Tir (exécutant et instructeur).......................... 2   } 41
Aptitude physique..{ Equitation..................... 14
    Education physique du cavalier (y
    compris la voltige)................ 2
    Escrime............................. 3

Note d'aptitude générale........................   12

Total des coefficients des connaissances générales et militaires.   133

Ecole militaire de l'artillerie.

1° Division de l'artillerie métropolitaine, division de l'artillerie coloniale.

CONNAISSANCES GÉNÉRALES.

Ajouter aux épreuves écrites de l'Ecole militaire de l'infanterie :
Calcul trigonométrique.   2

(Mêmes épreuves orales.)

CONNAISSANCES MILITAIRES.

Instruction théorique :

Service en campagne dans l'artillerie.	4	
Service intérieur.		
Service des places.	2	
Comptabilité de batterie.		
Connaissance du matériel.		
Mitrailleuses.	6	24
Transmissions.		
Instruction sur le tir.	8	
Manœuvre de force.	2	
Travaux de campagne.		
Hippologie et hygiène des chevaux ou automobile, au choix des candidats.	2	

Instruction pratique :

Artillerie métropolitaine et artillerie coloniale.

Manœuvre.	10	
Service en campagne.		
Préparation du tir.	9	
Lecture des cartes.		33
Topographie.	5	
Equitation ou automobile.	5	
Escrime (2).	3	
Education physique.	1	

Note d'aptitude générale.   12

Total des coefficients des connaissances générales et militaires.   141

---

(1) Au choix du candidat.

(2) L'épreuve d'escrime n'est pas subie par les sous-officiers de l'armée coloniale ; pour ces derniers, le cœfficient de l'éducation physique est porté de 1 à 4 (additif des 31 mars et 24 avril 1923, *B. O.*, page 931 et 1120).

2ᵉ *Division du Train des équipages militaires.*

CONNAISSANCES GÉNÉRALES.

(Mêmes épreuves écrites et orales que celles de l' « Ecole militaire d'infanterie ».)

CONNAISSANCES MILITAIRES.

Instruction théorique.

Service en campagne	4	
Service intérieur et service de place	2	
Connaissance du matériel	6	
Comptabilité de compagnie	2	18
Hippologie		
ou (1)	4	
Automobilisme		

Instruction pratique.

Manœuvre	11	
Service en campagne pratique, lecture des cartes	10	
Education physique	3	
Equitation		33
ou (1)	6	
Conduite des véhicules automobiles		
Escrime	3	
Note d'aptitude générale		10

TOTAL des coefficients 129

Ecole militaire du génie.

CONNAISSANCES GÉNÉRALES.

Ajouter aux épreuves écrites de l' « Ecole militaire d'infanterie ».

Dessin (2) 2

---

(1) Au choix du candidat.

(2) L'épreuve sera constituée :

Soit par une épure de géométrie cotée;

Soit par un dessin géométrique avec écriture en caractères filiformes.

Les candidats à l'Ecole militaire du génie (division de l'aéronautique) n'auront pas à subir cette épreuve.

CONNAISSANCES MILITAIRES.

Instruction théorique.

Règlement provisoire de manœuvre d'infanterie	4
Gaz de combat.	1
Manuel du chef de section,	} 4
Instruction sur le service en campagne	
Guide pratique d'éducation physique	1
Organisation du terrain à l'usage des troupes de toutes armes	5
Administration	1
Service intérieur	2
Service de place	2

20

Instruction pratique.

Manœuvre d'infanterie	5
Armement et tir	2
Pour les sapeurs pontonniers et électro-mécaniciens (1) :	
Ponts	2
Mines	2
Pratique des écoles de ponts et de mines	4
Pour les sapeurs-télégraphistes (1) :	
Transmissions	3
Explosifs	1
Epreuves pratiques	4
Pour les sapeurs de chemins de fer (1) :	
Construction et destruction de voies ferrées	3
Ponts et charpentes	1
Epreuves pratiques	4
Lecture de la carte	3
Aptitude physique.. { Education physique	7
Escrime	3
Equitation	2

30

Note d'aptitude générale	10
TOTAL des coefficients des connaissances militaires et générales	130

École militaire du génie.

(Division aéronautique.)

CONNAISSANCES MILITAIRES.

*1° Connaissances militaires générales communes aux candidats
des différentes subdivisions d'arme de l'aéronautique.*

	COEFFICIENTS DES ÉPREUVES	
	Théoriques.	Pratiques.
Service intérieur (A)	} 1	»
Service de place (B)		
A reporter	1	»

(A) Provisoirement : Pour les candidats de l'aviation et de l'aérostation :
Service intérieur de l'infanterie (titre I", titre V, chap. 14, 15, 16, 17, 18
et 19; titres IX et X; titre VIII, chap. 28 et 35).

(B) 1" partie (service de garnison).

(1) Les candidats des armes autres que le génie pourront choisir l'un
des trois programmes; ils indiqueront, sur leur demande d'admission au
concours, la spécialité choisie. La spécialité au titre de laquelle les candidats (du génie ou des autres armes) se présentent à l'entrée ne cons-
titue aucune indication pour l'affectation des intéressés à la sortie de
l'Ecole. (Rectificatif du 15 novembre 1923.)

	COEFFICIENTS DES ÉPREUVES	
	théoriques.	pratiques.
Report.......	1	»
Règlement d'éducation physique (c).............		
Règlement de manœuvre (d)....................	2	8
Règlement sur le tir (e).....................		
Service en campagne et organisation du terrain (f)		
Tir (g).	»	2
Comptabilité (corps de troupe).....................	1	»
Lecture de la carte............................	1	4
Notions sur l'organisation et l'emploi de l'aéro-nautique en temps de paix et aux armées......	1	»
Météorologie (h).	1	»
	7	14

Ajouter au tableau des coefficients des connaissances militaires particulières à chacune des subdivisions aviation, aérostation :

Note d'aptitude générale. 10

(Rectificatif du 15 novembre 1924).

(c) En outre, notions très générales sur l' « entraînement physique du combattant ».

(d) Pour les candidats de l'aviation et de l'aérostation : Règlement provisoire de manœuvre de l'infanterie (titre Iᵉʳ, titre II, moins ce qui concerne le fusil-mitrailleur et la grenade; titre III (notions); titre IV (notions); titre V, art. 1ᵉʳ (notions).

(e) Manuel du chef de section (titre II, chap. 3).

(f) Manuel du chef de section. (1918)

Rédaction des ordres et des rapports, liaisons et transmissions, titre **IV**, chap. 2 et 9; titre VIII, chap. 4).

Devoirs des sentinelles (titre IX, chap. 3).

Organisation du terrain, notions (titre IV, chap. 7; titre III, chap. 7; titre II, chap. 8).

Devoirs des gradés au cantonnement et en marche (titre VI, chap. 1ᵉʳ, 2 et 3; titre II, chap. 7).

Hygiène et alimentation en campagne (titre IV, chap. 10).

(g) Tir réel (exécuté dans les conditions prévues pour le concours d'admission à Saint-Maixent).

(h) Conditions atmosphériques. Température. Pression. Hautes pressions. Dépressions. Nuages. Brume. Brouillard. Théodolite et sondages. Prévisions du temps.

2° *Connaissances militaires et techniques particulières aux candidats à chaque subdivision d'arme de l'aéronautique.*

	COEFFICIENT DES ÉPREUVES	
	théoriques.	pratiques.

Aviation.

Instruction sur l'organisation et l'emploi de l'aéronautique aux armées (titres II, III et IV)......	3	6 (1)
Matériel d'aviation (ĸ)..........................	2	6
Matériel d'armement.	1	4
Notions sur le tir aérien........................	1	»
Matériel accessoires (matériel photo, matériel radio, instruments de bord. Lance-bombes et bombes. Viseurs).	1	2
Exécution des vols, voyages, orientation. Conduite à tenir en cas de panne...................	1	»
	9	18

Aérostation.

Instruction sur la manœuvre et l'emploi des ballons captifs (Iʳᵉ, II, III parties)...............	4	8
Matériel aérostatique et matériel mécanique.....		
Matériel automobile.		2
Matériel d'armement.	2	2
Matériel téléphonique. . . , ...		2
Emploi du ballon................................	1	4 (1)
Théorie de l'observation..,....................	2	»
	9	18

I. A. C.

(Rayé : rectificatif du 5 avril 1923, *B. O.*, p. 1115.)

---

(1) Exercices d'application sur la carte ou sur le terrain.

(ĸ) Avions : construction des avions. Notions sur les avions de différents types. Entretien. Réglage.

Moteurs : Notions générales sur le moteur à explosion. Moteurs de différents types.

Fonctionnement. Entretien. Réglage. Pannes.

CONCOURS DE 1924.

Ecoles militaires d'infanterie, de cavalerie et du génie.

Ecole militaire d'infanterie et Ecole d'application de cavalerie.

Epreuves écrites.

En plus des épreuves des concours de 1922 et 1923 :
Epreuves de physique et chimie : coefficient, 4, et application des nouveaux programmes d'arithmétique, d'algèbre et de géométrie.

Epreuves orales.

Epreuves de mécanique : coefficient, 2 (en plus des épreuves orales prévues aux concours de 1922 et 1923).
Application des nouveaux programmes d'arithmétique, d'algèbre, de géométrie, de mécanique.

CONNAISSANCES MILITAIRES.

Mêmes épreuves qu'en 1922 et 1923.

Ecole militaire d'artillerie.

Epreuves écrites.

En plus des épreuves des concours de 1922 et 1923 :

Épreuve de physique et chimie : coefficient, 4, et application des nouveaux programmes d'arithmétique, d'algèbre et de géométrie.

Epreuves orales.

En plus des épreuves des concours de 1922 et 1923 :

Epreuve de mécanique : coefficient, 2, et application des nouveaux programmes d'arithmétique, d'algèbre, de géométrie et de mécanique.

CONNAISSANCES MILITAIRES.

Mêmes épreuves qu'en 1922 et 1923.

Ecole militaire du génie.

Epreuves écrites.

En plus des épreuves des concours de 1922 et 1923 :
Epreuve de physique et chimie : 4, application des nouveaux programmes d'arithmétique et d'algèbre.

Epreuves orales.

En plus des épreuves des concours de 1922 et 1923 :
Epreuve de mécanique : 2, application des nouveaux programmes d'arithmétique, d'algèbre, de mécanique.

CONNAISSANCES MILITAIRES.

Mêmes épreuves qu'en 1922 et 1923.

CONCOURS DE 1925.

Ecoles militaires d'infanterie, de cavalerie, d'artillerie, du génie.

Coefficients des épreuves écrites et orales à appliquer à toutes les écoles.

CONNAISSANCES GÉNÉRALES.

Epreuves écrites.

Composition française	8
Histoire	4
Géographie	4
Arithmétique et algèbre	6
Géométrie	6
Physique et chimie	4
Dessin (1)	2
	34

Trigonométrie (artillerie seulement) ... 2

Langues vivantes (facultatives) : 2 pour chaque langue (2).

Epreuves orales.

Littérature et français	6
Histoire	6
Géographie	6
Arithmétique	4
Algèbre et trigonométrie	5
Géométrie	5
Mécanique	2
Physique	4
Chimie	4
	42

CONNAISSANCES MILITAIRES.

Pour chaque école, mêmes épreuves et mêmes coefficients qu'aux concours de 1922 et 1923.

---

(1) Pour les Ecoles militaires d'infanterie, de cavalerie, d'artillerie : croquis coté exécuté à main levée au crayon et sur papier quadrillé.

Pour l'Ecole militaire du génie :

soit *a*) Epure de géométrie cotée;
soit *b*) Dessin géométrique;
soit *c*) Croquis coté à main levée.

(2) Examen portant seulement sur les langues anglaise, allemande, russe et arabe.

MODÈLES

● CORPS D'ARMÉE

MODÈLE N° 1.

RÉPUBLIQUE FRANÇAISE.

Art. 2 de l'instruction

(1)

(1) Inscrire le corps ou l'établissement.
(2) Inscrire le nom en caractères saillants et en écriture bâtarde. Ajouter le grade et l'emploi.
(3) Engagé volontaire pour   ans, à la mairie de le   , ou jeune soldat appelé de la classe de   de la subdivision.

MÉMOIRE de proposition pour l'admission à l'Ecole militaire de   en faveur du (2)

SIGNALEMENT.	SERVICES SUCCESSIFS CAMPAGNÉS, BLESSURES ET DÉCORATIONS.		
	Grades.	Corps.	Date.
Numéro du registre matricule : Nom (2) : Prénoms : Surnom : Dernier domicile : département d Profession d Fils d et d domiciliés à département d Né le à canton d département d Taille de 1 mètre millimètres. Visage Front Yeux Nez Bouche Menton Cheveux Sourcils Marques particulières Marié le à demoiselle domiciliée à département d Nombre d'enfants :	Entré au service comme (3) Libérable du service actif le		
	Campagnes.		
	Blessures, actions d'éclat, citations, etc.		
	Décorations et médailles.		

RELEVÉ des punitions du

DATES des PUNITIONS.	GRADE.	GENRE DE PUNITIONS ET NOMBRE DE JOURS.				PAR QUI LES PUNITIONS ont été infligées	MOTIFS des PUNITIONS.
		Consigne ou arrêts simples.	Salle de police.	Prison ou arrêts de rigueur.	Cellule.		
Totaux.....							
Total général..							

NOTE
numéri-
que (1).

Notes du chef de corps.

Constitution :
Tenue extérieure :
Conduite et moralité :
Caractère :
Intelligence et aptitude :
Manière de servir :
Appréciation générale motivée :

Appréciation motivée du général de brigade.

Appréciation motivée du général de division.

Appréciation motivée du général commandant le corps d'armée et, s'il y a lieu, motif de l'ajournement.

(1) Note numérique de 0 à 20 résumant l'appréciation du chef de corps et des autorités hiérarchiques transmettant la proposition.

RÉSUMÉ DES SERVICES

du   au 31 décembre de l'année de la proposition.

Durée des services actifs :   ans,   mois,   jours.

Ancienneté dans les divers emplois du grade de sous-officier :   ans,   mois,   jours.

Temps passé dans l'emploi de sous-officier comptable (sergent-major ou sergent fourrier, maréchal des logis chef ou maréchal des logis fourrier) :   ans,   mois,   jours.

Temps passé dans l'emploi d'aspirant :

Temps passé dans la situation d'officier à T. T. :

Majorations diverses.

Indiquez les majorations (prévues au § C., art. 6. du titre III) auxquelles le candidat a droit.

	NOMBRE.	NOMBRE de points.

TOTAL des points de majoration.........

A   , le   19 .

Le Chef de corps.   Le Général de brigade,   Le Général de division

Le Général commandant le corps d'armée,

Modèle n° 2.

Art. 2 de l'instruction

° CORPS D'ARMÉE

RÉPUBLIQUE FRANÇAISE.

(1) Désigner l'arme.
(2) Indiquer l'année.
(3) Désigner le corps ou l'établissement.
(4) Indiquer l'école ou la subdivision d'école.

(1)

CONCOURS DE L'ANNÉE(2)

(3)

Sous-officiers proposés pour être admis à l'École (4)

NOTA. — Joindre à cet état, pour chaque sous-officier, le mémoire de proposition conforme au modèle n° 1 avec les pièces qui doivent y être annexées. (Voir art. II du titre Ier de l'instruction.)

NOMS ET PRÉNOMS.	GRADES et FONCTIONS.	CORPS	DURÉE DES SERVICES effectifs au 31 déc. 1921 (ans, mois, jours.)	ANCIENNETÉ de grade de sous-officier au 31 déc. 1921 (ans, mois, jours.)	OBSERVATIONS — (Indiquer si le sous-officier est rengagé.)

A   , le   19 .

Le Chef de corps,   *Le Général commandant le corps d'armée*

• CORPS D'ARMÉE.

REPUBLIQUE FRANÇAISE.

Modèle Nº 3.

Art. 3, § D,
de l'instruction.

DEMANDE DES IMPRIMÉS

*nécessaires pour les épreuves écrites du concours d'admission
aux écoles militaires d'élèves officiers en 19   (1).*

ÉCOLE DE

A. — Désignation des centres de composition formés dans la région (2) . . . .

B. — Nombre, par arme et service, des sous-officiers stationnés dans la région et se présentant à l'école . . . .

Infanterie. . . . .
Cavalerie. . . . .
Artillerie. . . . .
Génie. . . . .
Train des équipages militaires. .
Chars de combat. . . . .
Aéronautique. . . . .
Infanterie coloniale. . . . .
Artillerie coloniale. . . . .
Section d'infirmiers. . . . .
Section de commis et ouvriers militaires d'administration. . . . .
Section de secrétaires d'E. M. et de recrutement, etc. . . . .

C. — Nombre des candidats ayant demandé à subir l'épreuve de langues vivantes (3) . . . .

Allemand (4) . . . .
Anglais. . . . .
Russe. . . . .
Arabe. . . . .

A   , le   19

Le Général commandant le corps d'armée,

---

(1) Ces demandes (une par école ou subdivision d'école) doivent être adressées, avant le 10 avril, à la Direction d'Arme de qui relève l'école ou la subdivision d'école.

(2) Les centres de composition formés en Corse, en Algérie, en Tunisie et au Maroc, etc. sont en principe communs à toutes les écoles et divisions d'école.

(3) Chaque candidat présentant simultanément plusieurs langues étrangères est compté pour autant d'unités.

(4) Rectificatif du 15 novembre 1923.

Elèves officiers.   3

• CORPS D'ARMÉE.

REPUBLIQUE FRANÇAISE.

Modèle nº 4.

Art. 3
de l'instruction.

CONCOURS POUR L'ADMISSION
à l'Ecole (a)

Ville d

Compositions écrites.

BORDEREAU NOMINATIF contenant les compositions des candidats prenant part au concours.

NOMS ET PRÉNOMS des candidats.	GRADE	CORPS	SIGNATURE des CANDIDATS.	COMPOSITIONS REMISES.								OBSERVATIONS.
				(1).	(1).	(1).	(1).	(f).	(1).	(1).	(1).	
1	2	3	4	5	6	7	8	9	10	11	12	13
Nombres totaux des compositions contenues dans le dossier.....												

A   , le   19

Le Président de la commission de surveillance,

N. B. — Les indications des colonnes 1, 2 et 3 sont remplies par les soins du corps d'armée.

(a)

Ecole militaire d'infanterie......
    au titre de l'infanterie métropolitaine.
    ou — de l'infanterie coloniale.
    ou — des chars de combat.

Ecole militaire d'artillerie ......
    au titre de l'artillerie métropolitaine
    ou — de l'artillerie coloniale.
    ou — du train des équipages.

Ecole d'application de cavalerie . | au titre de la cavalerie.

Ecole militaire du génie........
    au titre du génie.
    ou — de l'aéronautique.

Ecole d'administration militaire.
    au titre de la section A.
    ou — de la section B, comptables.
    ou — de la section B, chefs ouvriers et chefs artifici rs.
    ou — de la section C.
    ou — de la section D.
    ou — de la section E, comptables.
    ou — de la section E, contrôleurs du matériel.

(1) Indiquer l'objet des compositions : composition française, histoire, etc.

CORPS D'ARMÉE.

RÉPUBLIQUE FRANÇAISE.

MODÈLE N° 4 *bis*

Art. 3
de l'instruction,

Ville d

CONCOURS POUR L'ADMISSION
à *l'Ecole* (a)

Épreuves écrites de langues vivantes.

BORDEREAU NOMINATIF contenant les compositions des candidats prenant part au concours.

(Modèle supprimé par le rectificatif du 15 novembre 1923.)

MINISTÈRE
DE LA GUERRE.

Signature
du candidat (1)

CONCOURS POUR L'ADMISSION
AUX ÉCOLES MILITAIRES D'ÉLÈVES OFFICIERS EN 19

MODÈLE Nº 5.

VILLE D

COMPOSITION de

Visa de l'officier délégué
pour la surveillance de
la séance :

Nom et prénoms du candidat :
Grade et corps de troupe :
Établissement ou service dont il fait partie :

(1) Il est expressément
recommandé de ne signer
nulle autre part que ci-dessus.

École ou division
d'école à laquelle
le candidat se pré-
sente...............

COMPOSITION de

École ou division
d'école à laquelle
le candidat se pré-
sente...............

JURY D'EXAMEN
de
CONNAISSANCES GÉNÉRALES.

RÉPUBLIQUE FRANÇAISE.

MODÈLE N° 6.

Art. 4 de l'instruction.

CONCOURS POUR L'ADMISSION

A L'ÉCOLE DE (1) EN 19

EXAMENS ORAUX.

ÉTAT nominatif indiquant le résultat des épreuves de connaissances générales.

CENTRE D'EXAMEN

A , le 19

Les Membres du jury d'examen :

Le Chef de bataillon
(ou d'escadron).

Le Chef de bataillon
(ou d'escadron),

Le Chef de bataillon
(ou d'escadron),

Le Chef de bataillon
(ou d'escadron),

Le Colonel, Président
(ou lieutenant-colonel),

N. B. — Les sous-officiers candidats sont inscrits sur cet état d'après le tour d'examen qui leur a été assigné (art. 4 de l'instruction).

(1) École militaire d'infanterie.
au titre de l'infanterie métropolitaine.
ou — de l'infanterie coloniale.
ou — des chars de combat.

École militaire d'artillerie......
au titre de l'artillerie métropolitaine.
ou — de l'artillerie coloniale.
ou — du train des équipages.

École d'application de cavalerie.
au titre de la cavalerie.

École militaire du génie........
au titre du génie.
ou — de l'aéronautique.

École d'administration militaire.
au titre de la section A.
ou — B, comptables.
ou — B, artificiers.
ou — B, ouvriers (par spécialités).
    Artillerie métropolitaine.
ou — B, ouvriers (par spécialités).
    Artillerie coloniale.
ou — C, armée métropolitaine.
ou — C, — coloniale.
ou — D.
ou — E comptables.
ou — E, contrôleurs du matériel.

ORDRE de PASSAGE.	NOMS et PRÉNOMS des candidats.	GRADE et EMPLOI.	CORPS de TROUPES.	NOTES OBTENUES EN						OBSERVATIONS.
				littérature.	histoire.	géographie.	arithmétique.	géométrie.	algèbre.	

NOTA. — Ce modèle est donné à titre d'indication. Le modèle afférent à chaque école doit être établi d'après les mêmes principes.

 RÉPUBLIQUE FRANÇAISE. MODÈLE N° 7.
Art. 5 de l'instruction.

CONCOURS POUR L'ADMISSION

A L'ÉCOLE DE [1]   EN 19

EXAMENS ORAUX.

*ÉTAT nominatif indiquant le résultat des examens
d'instruction militaire.*

CENTRE D'EXAMEN

A   , le   19

Les Membres du jury d'examen :

Le Chef de bataillon   *Le Chef de bataillon*
(ou d'escadron),   (ou d'escadron).

Le Chef de bataillon   *Le Colonel, Président*
(ou d'escadron),   (ou lieutenant-colonel),

N. B. — Les sous-officiers sont inscrits dans l'ordre où ils ont subi
les épreuves d'instruction militaire.

Les notes à inscrire sur le présent état sont les notes définitives résul-
tant de l'application de l'article 5 de l'instruction.

---

(1) École militaire d'infanterie. { au titre de l'infanterie métropolitaine.
                                   { ou   —   de l'infanterie coloniale.
                                   { ou   —   des chars de combat.

École militaire d'artillerie ...... { au titre de l'artillerie métropolitaine.
                                     { ou   —   de l'artillerie coloniale.
                                     { ou   —   du train des équipages.

École d'application de cavalerie. { au titre de la cavalerie.
                                  { ou   —   de l'aéronautique.

École militaire du génie........... { au titre du génie.

ORDRE de PASSAGE.	NOMS ET PRÉNOMS des candidats.	EMPLOI.	CORPS de TROUPE.	INSTRUCTION THÉORIQUE										INSTRUCTION PRATIQUE								NOTE D'APTITUDE GÉNÉRALE.		TOTAL des points obtenus.	MOYENNE SUR 20.	OBSERVATIONS.
				Service en campagne et combat des petites unités.		Service intérieur et service de place.		Instruction du tir.		Comptabilité.		Règlement d'éducation physique.		École du soldat.		Instruction du tireur.		Tir pratique.								
				Notes.	Points.	Notes.	Points.	Notes.	Points.	Notes.	Points.	Notes.	Points.	Notes.	Points.	Notes.	Points.	Notes.	Points.	Notes.	Points.	Notes.	Points.			

N.-B. — Le modèle ci-dessus est donné à titre d'exemple.

ANNEXE N° 1.

Programmes des concours 1922 et 1923 pour les Écoles militaires d'Infanterie, de cavalerie, d'artillerie et du génie; du concours 1922 et années suivantes pour l'École d'administration militaire.

COMPOSITION FRANÇAISE.

Composition. — Littérature.

COMPOSITION FRANÇAISE.

Programme commun à toutes les écoles et sections d'écoles.

Principes généraux de la composition.

Exercices variés de composition française : lettres, récits et narrations, descriptions, rédactions et comptes rendus.

Commentaires de maximes et proverbes courants.

LITTÉRATURE.

Programme commun à toutes les écoles et sections d'écoles.

a) Notions succinctes sur l'histoire de la littérature française du xvii° au xix° siècle.

Notions très sommaires sur la littérature étrangère.

b) Liste des auteurs à faire lire et à commenter :

Recueil de morceaux choisis de prose et de vers du xvii° au xix° siècle.

Corneille)
Racine   {   Théâtre choisi.
Molière   )
La Fontaine. — Fables.
Mme de Sévigné. — Lettres.
Voltaire. — Extraits des œuvres historiques (Charles XII).
J.-J. Rousseau. — Extraits.
Chefs d'œuvre poétiques de Lamartine et de Victor-Hugo.
Extraits des principaux historiens du xix° siècle.

Quelques traductions de chefs-d'œuvre étrangers :
Don-Quichotte (extraits). — Gulliver (extraits).
Choix de poésies allemandes (Gœthe et Schiller).

HISTOIRE

Programme commun à toutes les écoles et sections d'écoles.

Ire partie (exigée à l'oral seulement).

Histoire de France de 1610 à 1789; résumé très succinct.

IIe partie (exigée aux examens écrits et oraux).

La France de 1789 à 1914 : étude complète sans entrer cependant dans le détail des opérations militaires.

a) *La Révolution française.*

Causes générales de la Révolution française : état politique, social et économique de la France. — Les cahiers de doléances.

Les Etats généraux et l'Assemblée constituante : les grandes journées révolutionnaires.

Les réformes de l'Assemblée constituante : la Constitution de 1791; clôture de la Constituante.

L'Assemblée législative : les Girondins et les Jacobins.

Journée du 10 août 1792.

Les Etats européens et la Révolution française : déclaration de guerre, les volontaires. — Invasion prussienne : Valmy. — Clôture de la Législative.

b) *Le régime républicain.*

La Convention : établissement de la République. — Procès et mort de Louis XVI. — Girondins et Montagnards. — La Terreur. — L'insurrection royaliste. — La guerre de Vendée.

Les guerres de la Convention. — L'œuvre de Carnot. — Les traités de Bâle.

L'œuvre législative de la Convention : la Constitution de l'an III. — Clôture de la Convention.

Le Directoire : les difficultés intérieures et les coups d'Etat. — Les guerres du Directoire. — Campagnes de 1796-1797. — Traité de Campo-Formio. — L'expédition d'Egypte. — La seconde coalition, campagne de 1799.

Situation générale à la fin du Directoire.

c) *Le régime napoléonien.*

Le Consulat. — La Constitution de l'an VIII.

Réformes du Consulat. — Les guerres du Consulat. — Campagne de 1800. — Traités de Lunéville et d'Amiens.

Établissement de l'Empire. — La cour et la noblesse impériale. — Politique extérieure de Napoléon. — Campagnes de 1805, 1806, 1807. — Campagne de 1809. — L'Empire en 1810.

Chute de l'Empire; ses causes, réveil des nationalités; campagne de Russie, soulèvement de l'Allemagne, campagne de 1813. — L'invasion, la campagne de 1814. — L'abdication de Fontainebleau. — L'île d'Elbe.

La première Restauration et les Cent-Jours. — Waterloo. — Abdication de l'Empereur. — Sainte-Hélène. — Les traités de 1815. — L'organisation territoriale de l'Europe, la Sainte-Alliance.

d) *La Restauration de la monarchie.*

La seconde Restauration. — Louis XVIII et Charles X. — La Charte. — La Terreur blanche. — Progrès des idées libérales. — La Révolution de 1830.

La Monarchie de Juillet. — Louis-Philippe. — Les partis. — La Révolution de 1848. — Proclamation de la République.

Politique extérieure de la Restauration et de la Monarchie de Juillet. — La France dans le concert européen. — Interventions en Espagne et en Grèce. — Prise d'Alger. — Indépendance de la Belgique. — La France et la question d'Orient. — Conquête de l'Algérie.

e) *La seconde République et le second Empire.*

La seconde République. — Constitution de 1848. — La Législative et la réaction. — Le prince-président et le coup d'Etat du 2 décembre 1851. — Rétablissement de l'Empire.

Le second Empire. — Constitution de 1852. — L'empire autoritaire et l'empire libéral.

La politique extérieure. — Guerre de Crimée. — Traité de Paris. — Guerre d'Italie. — Traité de Zurich. — Intervention de la France en Orient. — Guerre du Mexique.

Guerre de 1870. — Ses causes. — Les grandes batailles. — Chute de l'Empire.

f) *La troisième République.*

Le gouvernement de la Défense nationale. — Continuation de la guerre. — Siège de Paris. — Gambetta et la guerre en province. — Armée de la Loire. — Armée du Nord. — Armée de l'Est. — Capitulation de Paris. — Le traité de Francfort. — La Commune.

Efforts réalisés par la France depuis 1871. — Réorganisation militaire. — Lois constitutionnelles de 1875.

L'œuvre extérieure de la République. — Notre empire colonial.

IIIe partie (exigée à l'oral seulement).

Résumé des grandes questions de la politique internationale du XIXe siècle et de nos jours.

1° L'unité italienne (1848-1870).

2° L'unité allemande (1848-1871). L'Autriche-Hongrie.

3° La question d'Orient. — Les guerres. — Les nouveaux Etats balkaniques. La Russie en Europe et en Asie.

4° La transformation du Japon. — La guerre russo-japonaise.

5° L'Angleterre. — Son empire colonial. — L'Inde et l'Egypte. — Les Dominions.

6° Les Etats-Unis. — Constitution. — Développement. — La doctrine de Monroë.

GÉOGRAPHIE.

Commun à toutes les écoles et sections d'écoles.

Ire partie (exigée à l'oral seulement). — *Notions de géographie générale :*

Le globe (pôles, équateur, zones terrestres).
Répartition des terres et des mers.
La nature du sol. — Terrains siliceux, calcaires, marneux.
Importance de ces notions en géographie.
Le relief. — La montagne, le plateau, la plaine.
La mer. — Les marées, les courants. — La vie dans les mers.
Le climat. — Les vents, les pluies. — Les températures.
Climat maritime et climat continental.

La circulation des eaux. — Les fleuves, les torrents.
La vie végétale et animale. — Types principaux.
Le désert.

II° partie (exigée aux examens écrits et oraux, avec des croquis très simples exécutés de mémoire). — *La France* :.

a) GÉOGRAPHIE PHYSIQUE.

Notions très sommaires de géologie. — Formation du sol de
la France.
Climat et hydrographie. — Température, vents et pluies. —
Climat océanique, climat continental de l'Est, climat méditerranéen.
Les fleuves, leur alimentation et leur régime, leur utilisation
Les mers et les côtes, la Corse.

b) GÉOGRAPHIE RÉGIONALE (physique et économique).

1° La plaine du Nord ;
2° La région vosgienne et lorraine ;
3• Le Bassin parisien ;
4° Le Massif armoricain ;
5° Le Massif central ;
6° Les Pyrénées et le bassin aquitain;
7° Le Midi méditerranéen ;
8° Les Alpes et la vallée du Rhône ;
9° Le Jura et la plaine de la Saône.

c) GÉOGRAPHIE ÉCONOMIQUE GÉNÉRALE.

Population. — Agriculture. — Industrie. — Voies de communication et commerce. — Relations commerciales avec les principaux pays.

III° partie (exigée à l'oral seulement).

L'Europe moins la France : étude beaucoup moins détaillée
que celle de la France.
**Le Royaume-Uni de Grande-Bretagne et d'Irlande : Situation
insulaire et conséquences. — Côtes et estuaires. — Ports et
grandes villes. — Situation économique.**
**Le royaume des Pays-Bas : Lutte contre la mer. — Ports et
grandes villes. — Elevage. — Commerce.**
**Le royaume de Belgique : Régions naturelles. — Agriculture
houille et industrie. — Commerce. — Le port d'Anvers. — Densité de la population.**

L'Allemagne : Régions naturelles. — Les fleuves. — Population, son accroissement. — Agriculture. — Ressources minières. — Grandes régions industrielles. — Voies de communication. — Marine et ports de commerce. — Le commerce allemand dans le monde.

La Pologne : Les Etats scandinaves.

La Suisse : Régions naturelles. — Elevage et industrie. — Percées alpines et grandes lignes de chemins de fer internationales.

La Tchéco-Slovaquie : L'Autriche. — La Hongrie : Le Danube. — Agriculture. — Industrie. — Commerce. — Les nationalités.

La Russie d'Europe : La plaine russe. — Le climat. — Les grands fleuves. — Les zones de végétation. — La pêche. — La houille. — Les régions industrielles. — Commerce. — La population, son accroissement.

La péninsule des Balkans : Relief. — Les fleuves. — Les côtes. — Les peuples, leurs religions. — Chemins de fer. — Les ports.

La Roumanie. — La Yougo-Slavie. — La Turquie. — La Bulgarie. — La Grèce.

L'Italie : Les montagnes et les plaines. — Le Pô. — Agriculture et industrie. — Les voies internationales. — Commerce. — Gênes et Naples. — Population. — L'émigration.

La Péninsule ibérique : Structure et hydrographie. — Les côtes. — Agriculture. — Richesses minières. — Régions manufacturières. — Commerce.

IVᵉ partie (exigée à l'oral seulement).

Le monde, moins l'Europe.

Etude très générale des parties du monde, en insistant principalement sur les intérêts qu'y ont les Etats européens.

Expansion coloniale des puissances européennes.

Colonies françaises.

La situation de la France dans le monde.

Les Etats-Unis. — Le Japon. — La Chine. — La Russie d'Asie. — Les Indes. — L'Australie.

ARITHMÉTIQUE.

a) *Programme des examens écrits* (commun à toutes les écoles).

Revision des principes élémentaires de l'arithmétique.
Addition et soustraction des nombres entiers.

Multiplication des nombres entiers. — Produit d'une somme ou d'une différence par un nombre. — Produit de la somme de deux nombres par leur différence. — Produit de facteurs. — Puissances.

Division des nombres entiers.

Problèmes sur les quatre opérations.

Caractères de divisibilité par 2, 5, 9, 3. — Preuves des opérations.

Fractions et nombres fractionnaires, opérations.

Nombres décimaux. — Fractions décimales. — Opérations et problèmes.

Règle pratique pour l'extraction de la racine carrée d'un nombre entier ou décimal.

Système métrique. — Problèmes.

Nombres complexes. — Opérations.

Rapports et proportions. — Quatrième proportionnelle. — Moyenne proportionnelle. — Transformations des proportions. — Exercices.

Grandeurs directement et inversement proportionnelles. — Règles de trois.

Notions d'arithmétique commerciale — Intérêt simple. — Escompte. — Rentes sur l'Etat.

Partages proportionnels — Mélanges et alliages.

b) Programme des examens oraux.

1° Ecoles militaires de l'infanterie, de l'artillerie (division du train), d'application de cavalerie, d'administration militaire.

(Même programme qu'aux examens écrits.)

2° Ecole militaire du génie, école militaire de l'artillerie (division de l'artillerie).

(Même programme qu'aux examens écrits, plus les questions suivantes) :

Définition des nombres premiers, des nombres premiers entre eux.

Décomposition d'un nombre en ses facteurs premiers.

Composition du plus grand commun diviseur et du plus petit multiple commun de plusieurs nombres.

Conversion des fractions ordinaires en fractions décimales et réciproquement. (Il ne sera pas question des fractions décimales périodiques.)

GÉOMÉTRIE

Programme commun à toutes les écoles et sections d'écoles.
(Examens écrits et oraux.)

Ire partie. — GÉOMÉTRIE PLANE.

La ligne droite : angles; triangles; cas d'égalité des triangles; perpendiculaires et obliques; triangles rectangles; droites parallèles, angles dont les côtés sont parallèles ou perpendiculaires; somme des angles d'un triangle, d'un polygone; parallélogramme.

Symétrie par rapport à une droite, par rapport à un point.

Problèmes.

Le cercle : cordes et arcs; rayon perpendiculaire à une corde; cercle circonscrit à un triangle; tangente au cercle; contact et intersection de deux cercles; bissectrice d'un angle; cercles inscrits et ex-inscrits à un triangle; tangentes communes à deux cercles; *mesure des angles.*

Lieux géométriques fondamentaux; recherche de lieux géométriques; problèmes.

Les figures semblables : segments proportionnels; triangles semblables; cas de similitude; relations entre les lignes d'un triangle rectangle, d'un triangle quelconque; sécantes et tangentes à un cercle; partage de segments en parties proportionnelles; moyenne proportionnelle; polygones réguliers (triangle équilatéral, carré, hexagone) leur inscription; mesure de la circonférence, sans démonstration; problèmes.

Les aires : rectangles; parallélogrammes; triangles; losange; trapèze; polygone quelconque; polygones réguliers les plus simples; cercle.

IIe partie. — GÉOMÉTRIE DANS L'ESPACE.

Examens oraux seulement, *pour toutes les écoles et sections d'écoles, exception faite pour l'École militaire du génie (examens écrits et oraux).*

Le plan et la ligne droite dans l'espace : détermination du plan; droite et plans parallèles et perpendiculaires; angles trièdres; définition des angles trièdres.

Symétrie par rapport à un plan.

Les polyèdres : mesure de la surface et du volume d'un parallélipipède rectangle; formules sans démonstration d'un prisme, d'une pyramide, d'un tronc de pyramide;

Les corps ronds : formules sans démonstration des surfaces et des volumes du cylindre du cône, du tronc de cône et de la sphère.

ÉCOLE MILITAIRE DU GÉNIE.

IIIe partie. — GÉOMÉTRIE DESCRIPTIVE (examens écrits et oraux)

A) *Méthode des projections cotées.*

Le point et la droite; projection et cote d'un point : représentation de la droite; pente; distance de deux points; droites concourantes et droites parallèles; horizontale et verticale, angle d'une droite avec l'horizon.

Le plan : représentation du plan; horizontales équidistantes; échelle de pente; plans parallèles; angles d'un plan avec l'horizon; tracer dans un plan donné une droite de pente donnée; intersection de deux plans (arêtes et gouttières); intersection d'une droite et d'un plan; plan vertical; rabattement d'un plan vertical sur le plan horizontal.

Les surfaces courbes : représentation des surfaces courbes; horizontales équidistantes; lignes de plus grande pente; surface topographique, intersection d'un plan et d'une surface (de deux surfaces), d'une droite et d'une surface; coupe d'une surface par un plan vertical, rabattement de cette coupe sur le plan horizontal; tracer à partir d'un point donné sur une surface topographique, une courbe d'inclinaison constante et donnée sur le plan horizontal.

B) *Méthode des projections sur deux plans :*

Projection d'un point et d'un segment de droite sur un plan vertical et sur un plan horizontal; rabattement de ce dernier sur le premier, ligne de terre et lignes de rappel.

Projections horizontale et verticale d'une figure plane limitée par un contour géométrique.

Projections horizontale et verticale d'un solide géométrique simple; cube, parallélipipède; prisme droit.

Cette méthode de projections sur deux plans a pour but de

permettre aux candidats d'exécuter des représentations géomé-
trales d'objets simples. (Voir dessin.)

Compléments de géométrie pour l'école militaire du génie seulement, exigés aux examens écrits et oraux :

Arpentage, lever au mètre, lever au mètre et à l'équerre d'arpenteur.

Ellipse, hyperbole et parabole : définitions, propriétés principales; normale et tangente.

TRIGONOMÉTRIE (1).

A) *Programme commun à toutes les écoles et sections d'écoles*
(examens oraux seulement), *exception faite pour l'Ecole d'administration militaire de Vincennes.*

Définitions des lignes trigonométriques. — Formules relatives
aux triangles rectangles.

B) *Ecole militaire de l'artillerie (divisions de l'artillerie métropolitaine et de l'artillerie coloniale).*

Fonctions circulaires. — Addition et soustraction des arcs.
Multiplication et division par 2.
Résolution des triangles (cas simples).
Application de la trigonométrie aux diverses questions relati-
ves au levé des plans.
(On ne parlera pas de la construction des tables trigonométri-
ques.)

ALGÈBRE.

a) *Ecoles militaires de l'infanterie, d'application de cavalerie,
militaire de l'artillerie (division du train), Ecole d'administration de Vincennes).*

(Programme des connaissances exigées aux examens
écrits et oraux.)

Objet de l'algèbre. — Préliminaires. — Addition et sous-

---

(1) L'épreuve de calcul trigonométrique comportera uniquement une
application numérique des formules courantes.

traction algébriques. — Multiplication algébrique. — Règle des signes.

Multiplications remarquables. — Division des monômes.

Exercices nombreux de calcul algébrique.

Equation du premier degré à une ou plusieurs inconnues.

Résolutions des problèmes du premier degré. — Applications aux problèmes d'arithmétique. — Interprétation des solutions négatives. — Exercices nombreux.

b) *Ecole militaire du génie et Ecole militaire de l'artillerie (divisions de l'artillerie métropolitaine et coloniale).*

(Programme des connaissances exigées aux examens *écrits* et *oraux*.)

1° Mêmes questions que ci-dessus.

2° Règle pratique de la division des polynômes. — Fractions algébriques, simplification et opérations. — Puissances et racine d'une fraction algébrique. — Introduction et calcul des nombres négatifs. — Exposants négatifs, exposants fractionnaires. — Divisibilité d'un polynôme entier en x par $x - a$. — Etude très simple de quelques formes remarquables. — Résolution, sans discussion, de l'équation du second degré à une inconnue. — Applications à des questions d'arithmétique et de géométrie. — Principales propriétés des progressions arithmétiques et géométriques. — Usage des tables de logarithmes — Usage des tables contenant les sinus, cosinus, tangentes.

PHYSIQUE.

Commun à toutes les écoles et sections d'écoles.

Divers états de la matière : solides, liquides, gaz.

§ 1er. *Pesanteur.* — Poids d'un corps; centre de gravité; intensité du poids d'un corps, sa détermination à l'aide du dynamomètre.

Chute d'un corps; accélération due à la pesanteur.

Masse; mesure de la masse d'un corps à l'aide de la balance; distinction entre la masse d'un corps et son poids.

Unités de masse et de poids; différents systèmes d'unités : système G. G. S., système légal d'unités commerciales et industrielles M. T. S., système M. K. S. (mètre, kilogramme, poids, seconde).

Comparaison des poids et des volumes; poids spécifique, densité.

§ 2. *Hydrostatique.* — Surface libre d'un liquide pesant, vases communiquants, niveaux.

Pressions normales sur les parois; transmission des pressions; principe de Pascal, presse hydraulique.

Principe d'Archimède; corps flottants.

§ 3. *Statique des gaz.* — Pression d'un gaz dans une enveloppe; mesure de la pression; manomètres, unités.

Pression atmosphérique, baromètres.

Enoncé de la loi Mariotte.

Machines à raréfier et à comprimer les gaz.

Principe des pompes à liquides. — Siphon.

§ 4. *Chaleur.* — Dilatation des solides et des liquides, applications:

Dilatation des gaz; poids spécifique et densité d'un gaz; principe d'Archimède appliqué au gaz. — Aérostats.

§ 5. *Température.* — Mesure de la température; unité, thermomètres.

Sources de chaleur; quantités de chaleur; définition de la calorie; chaleur spécifique d'un corps; principe des mesures calorimétriques.

Notions sur la conductibilité et le rayonnement.

§ 6. *Changements d'état.* — Fusion et solidification.

Dissolution, saturation, cristallisation.

Vaporisation, ébullition, condensation; chaleur de vaporisation; influence de la pression sur la température d'ébullition de l'eau.

Vapeur d'eau dans l'atmosphère, force élastique de la vapeur d'eau.

Principe de la machine à vapeur.

§ 7. *Optique.* — Etude expérimentale d'un miroir plan, d'un miroir concave, d'un prisme, d'une lentille convergente. Applications : loupe, jumelles, appareil photographique.

Notions expérimentales sur la dispersion de la lumière.

§ 8. *Son.* — Nature, propagation, vitesse, réflexion, écho.

Magnétisme. — Propriétés générales des aimants, boussole, déclinaison.

§ 9. *Électricité*. — Le courant électrique : mise en évidence par les phénomènes d'échauffement d'un conducteur, d'électrolyse, d'action sur les aimants.

Applications usuelles. — Piles.

Lois fondamentales des courants; lois d'Ohm, de Kirchoff et de Joule.

Unités pratiques d'intensité, de résistance et de potentiel.

Aimantation par les courants.

Electro-aimants, applications usuelles.

Notions d'électricité statique : électrisation par influence, condensateurs.

CHIMIE.

Commun à toutes les écoles et sections d'écoles.

La matière. — Corps simples et corps composés, mélanges et combinaisons; substances minérales et matières organiques, métalloïdes et métaux; acides, bases, corps neutres, sels; classification des métalloïdes et des métaux.

Lois numériques des combinaisons chimiques, notation chimique; symboles et formules; équations chimiques.

Analyse et synthèse.

Chaleur mise en jeu dans les combinaisons.

L'air. — Composition; combustion et vie; oxydation des métaux; azote et oxygène.

Combustion : 1° phosphore; 2° soufre; 3° carbone (caractère acide); 4° calcium; 5° sodium (eau de chaux, eau de soude, caractère, base), oxydes en général (fer, zinc, magnésium).

Le carbone. — Gaz carbonique; distinction de ce gaz et de l'azote; carbonate de calcium naturel, sa décomposition; gaz carbonique dans l'air; charbons naturels et artificiels; réduction des oxydes métalliques par le charbon, du gaz carbonique par le charbon; oxyde de carbone.

L'eau. — Composition en volumes et en masses; action du courant électrique sur l'eau pure, sur l'eau acide ou basique; l'eau naturelle, gaz et sels dissous; hydrogène, préparation et principales propriétés.

L'azote. — Notions sur la synthèse électrique de l'acide azotique, sur la présence de l'azote dans les tissus vivants, sur la transformation des matières organiques azotées en produits ammoniacaux; puis en azotates, ammoniaque, engrais ammoniacaux, azotates naturels, propriétés principales de l'acide azotique, poudre noire.

Le soufre. — Etat natif et extraction; principales propriétés; combustion; transformation du gaz sulfureux en acide sulfurique; acide sulfurique; principales propriétés; sels; acide sulfhydrique, ses dangers.

Le chlore. — Principales propriétés; action sur l'organisme; chlorures naturels, électrolyse des chlorures; hypochlorites du commerce, eau de Javel et chlorure de chaux; chlorates et perchlorates alcalins.

Le phosphore. — Propriétés principales; phosphate de calcium naturel; engrais phosphatés.

Les métaux alcalins. — Potassium et sodium: leurs sels naturels, potasse et soude du commerce, analogies.

Le calcium. — Oxyde et hydrate de calcium; les sels naturels (carbonate, sulfate, silicates complexes).

Les métaux usuels. — Notions très simples sur leurs propriétés pratiques et leurs usages : *fer, fontes et aciers;* cuivre, plomb, étain, zinc, nickel, aluminium (*minerais, silicate d'alumine naturel*). *Alliages.*

École militaire du génie.

DESSIN.

Ire partie. — DESSIN GÉOMÉTRIQUE.

Emploi de la règle et de l'équerre, des compas, du rapporteur; tracés géométriques, résolution graphique de problèmes de géométrie; application des Ire et IIIe parties du programme de géométrie; mise au net et à une échelle déterminée d'un croquis coté.

Dessins de caractères (lettres et chiffres) filiformes droits.

Ecole d'administration militaire.

Section A, D et E (Comptables).

ADMINISTRATION MILITAIRE. — COMPTABILITÉ INTÉRIEURE DES CORPS.

Organisation administrative d'un régiment ou d'un bataillon formant corps : conseil d'administration, unités administratives (groupe, bataillon, ou bien compagnie, escadron, batterie, escadrille, suivant le cas).

Rôle administratif du chef de corps, du major, du trésorier. du comptable du matériel.

Administration de l'unité administrative : fonction du chef de l'unité administrative et de son adjoint s'il y a lieu, du sergent-major, du sergent fourrier. Perception des allocations en deniers (feuille de prêt) et des allocations en nature (bons de vivres, distributions de vivres).

Emploi des allocations : ordinaire de la troupe (ressources, charges, boni, commission des ordinaires, livret d'ordinaire).

Justification des allocations : situations administratives, feuilles de journées.

Habillement : magasin de compagnie, distributions, réintégrations, bon mensuel, compte trimestriel.

Registre de comptabilité de l'unité administrative (groupe, bataillon, ou bien escadron, batterie, escadrille, suivant le cas).

Section E (Contrôleurs du matériel).

COMPTABILITÉ ET ADMINISTRATION.

1° Règlement sur l'administration et la comptabilité des établissements de l'aéronautique;

2° Comptabilité des ateliers. Instruction sur l'application du décret sur la comptabilité-matières (article 74);

3° Loi du 12 juin 1893 et décret du 29 novembre 1904 sur l'hygiène et la sécurité des travailleurs (avec leurs modifications).

DESSIN LINÉAIRE.

(Examen écrit et oral.)

A l'examen écrit. — Exécution d'un dessin exact de matériel d'aéronautique, d'après un croquis coté.

A l'examen oral. — Croquis à main levée, au tableau noir, d'une pièce de matériel d'aéronautique.

EXAMEN PROFESSIONNEL.

L'examen professionnel comportera des questions théoriques et pratiques sur le programme suivant :

Notions générales sur l'organisation des ateliers. Personnel et matériel. Principales attributions des chefs d'atelier. Précautions à prendre pour éviter les accidents. Consignes des ateliers.

Notions très élémentaires sur les forces, la composition des forces, le travail, les machines simples et leurs conditions d'équilibre (levier, balance, poulie, treuil).

Unité de force et de travail.

Notions élémentaires sur les moteurs. Utilité des divers organes. Transmissions. Machines-outils. Réglage des machines-outils.

Etablissement d'un devis.

Notions générales sur les métaux.

Notions générales sur les bois. Tares. Défauts et maladies.

Emploi des diverses essences. Entretien des bois en magasin et des bois mis en œuvre. Assemblage des bois.

MATÉRIEL AÉRONAUTIQUE.

(Comptables et contrôleurs du matériel.)

Connaissances générales sur le matériel en service dans l'aéronautique et ravitaillement.

RÈGLEMENTS MILITAIRES.

(Comptables et contrôleurs du matériel.)

Décret portant règlement sur le service intérieur des corps de troupe. (Les candidats sont interrogés sur le règlement concernant leur arme.)

Décret portant règlement sur le service de place.

Décret portant règlement sur le service des armées en campagne.

Section B (Comptables).

DESSIN LINÉAIRE.

(Exécution d'un dessin exact d'après un croquis coté)

Application du cours de géométrie.

Lever de bâtiment.
Croquis de matériel d'artillerie.

COURS SPÉCIAL.

1° Les candidats provenant d'un corps de l'artillerie seront interrogés, au point de vue du cours spécial, sur les matières contenues dans le programme d'instruction des sous-officiers de leurs corps respectifs; toutefois, les candidats appartenant aux bataillons d'ouvriers seront en outre interrogés sur les matières contenues dans le programme de l'instruction des sous-officiers des régiments d'artillerie de campagne;

2° Les candidats provenant des gardiens de batterie seront interrogés sur les matières contenues dans le programme d'instruction des sous-officiers des corps d'artillerie à pied;

3° Les candidats provenant des ouvriers d'état et ceux provenant d'autres armes que l'artillerie seront interrogés sur les matières contenues dans le programme d'instruction des sous-officiers des régiments ou des bataillons, suivant que le poste qu'ils occupent leur aura permis d'acquérir l'une ou l'autre instruction;

4° Les candidats des troupes coloniales seront interrogés sur les matières contenues dans le programme d'instruction des sous-officiers de l'artillerie coloniale.

Nota. — Des mesures doivent être prises par les généraux commandant les corps d'armée ou les généraux commandant l'artillerie pour que les candidats des diverses catégories puissent recevoir ou compléter leur instruction en ce qui concerne le cours spécial.

Connaissance et maniement des appareils de télégraphie, de téléphonie et d'éclairage électrique ; appareils de mise de feu et paratonnerres.

I. — TÉLÉGRAPHIE ÉLECTRIQUE.

Principe de la télégraphie électrique.
Description de l'appareil Morse.
Description de la pile, montage et démontage.
Installation d'un poste.
Réglage et emploi des appareils.
Recherche des dérangements; moyens d'y remédier.
Lecture et transmission des dépêches au moyen de l'alphabet Morse.

II. — TÉLÉGRAPHIE OPTIQUE.

Principes de la télégraphie optique.
Description des appareils; leur emploi.
Les candidats sont, en outre, exercés à la correspondance.

III. — TÉLÉPHONIE.

Principe de la téléphonie.
Description des divers organes qui entrent dans la composition d'un poste téléphonique, appel, annonciateur, transmetteur téléphonique ou microphonique; écouteurs, sonneries.
Installation d'un poste central; installation d'un poste simple.
Recherche des dérangements; moyens d'y porter remède.

IV. — LIGNES TÉLÉGRAPHIQUES ET TÉLÉPHONIQUES.

Notions sur la construction des lignes télégraphiques et téléphoniques : lignes aériennes; lignes enterrées ou traînantes.
Dérangements sur les lignes; réparations.

V. — ECLAIRAGE ÉLECTRIQUE.

Notions sur l'éclairage électrique.
Matériel d'éclairage fixe.
Lampe à incandescence, dispositifs de sûreté.
Description de la pile, montage et démontage.
Conducteurs.
Commutateurs.
Commutateurs à mercure.
Emploi de l'appareil d'éclairage fixe.
Eclairage portatif.
Description et emploi de la lampe portative.

VI. — MISE DE FEU ÉLECTRIQUE.

Description de l'étoupille électrique; son fonctionnement.
Description de la pile; montage et démontage, installation, usage de la pile; vérification de la pile, entretien de la pile.
Circuit électrique; son installation dans les tourelles cuirassées, dans les casemates cuirassées; conjoncteur, exploseur.
Vérification du circuit; réparation du circuit.

VII. — Paratonnerre.

Principes du paratonnerre.

Description d'un paratonnerre : tige, conducteur, communication avec la terre (importance d'une bonne communication avec la terre).

Emploi des paratonnerres; visites périodiques annuelles.

COMPTABILITÉ ET ADMINISTRATION.

1° Règlement sur l'administration et la comptabilité des corps de troupe (pour les candidats provenant des corps de troupe, à l'exception des sous-officiers provenant des bataillons d'ouvriers) (1).

Organisation administrative d'un corps de troupe : conseil d'administration, unités administratives.

Rôle administratif du chef de corps, du major, du trésorier, du comptable du matériel.

Administration de l'unité administrative : fonctions du capitaine, du maréchal des logis chef, du maréchal des logis fourrier. Perception des allocations en deniers (feuille de prêt) et des allocations en nature (bons de vivres, distributions de vivres).

Emploi des allocations : ordinaire de la troupe (ressources, charges, boni, commission des ordinaires, livret d'ordinaire).

Justification des allocations : situations administratives, feuilles de journées.

Habillement : magasin de batterie, distributions, réintégrations, bon mensuel, compte trimestriel.

Registre de comptabilité de l'unité administrative.

2° Comptabilité des ateliers. — Instruction sur l'application du décret sur la comptabilité-matières (art. 74) (pour les candidats provenant des établissements et les sous-officiers des bataillons d'ouvriers).

Troupes coloniales. — Instruction générale (marine) du 8 novembre 1889 sur la comptabilité des matières appartenant au Département de la marine. — Instruction (colonies) du 16 octobre 1903 sur le service et l'administration des directions et établissements de l'artillerie aux colonies.

---

(1) Et à l'exception des sous-officiers des compagnies d'artificiers, jusqu'à suppression de ces unités.

Section B (Chefs artificiers et chefs ouvriers).

DESSIN LINÉAIRE.

(Exécution d'un dessin exact d'après un croquis coté.)

Croquis de matériel d'artillerie.

COMPTABILITÉ ET ADMINISTRATION.

1° Règlement sur l'administration et la comptabilité des corps de troupe (pour les candidats provenant des corps de troupe à l'exception des sous-officiers des bataillons d'ouvriers) (1).

Même programme que pour les candidats comptables.

2° *Comptabilité des ateliers.* — Instruction sur l'application du décret sur la comptabilité-matières (art. 74) (pour les candidats provenant des établissements et les sous-officiers des bataillons d'ouvriers.

3° Loi du 12 juin 1893 et décret du 29 novembre 1904 sur l'hygiène et la sécurité des travailleurs (avec leurs modifications) (pour tous les candidats).

Troupes coloniales. — Les programmes relatifs à l'administration et la comptabilité sont les mêmes que ceux des candidats comptables.

EXAMEN PROFESSIONNEL.

L'examen professionnel comportera des questions sur la partie du programme ci-dessous *commune* à toutes les catégories de candidats, et une *épreuve spéciale* à chaque catégorie.

La note obtenue pour *l'épreuve spéciale* entrera pour les deux tiers dans la détermination de la cote numérique d'ensemble attribuée à chaque candidat pour l'examen professionnel.

L'épreuve spéciale comprendra, pour les *candidats chefs ouvriers*, une partie *théorique* et une partie *pratique*.

à) *Programme commun à toutes les catégories de candidats.*

Notions générales sur l'organisation des ateliers. Personnel et

______

(1) Et à l'exception des sous-officiers des compagnies d'artificiers jusqu'à suppression de ces unités.

matériel. Principales attributions des chefs d'atelier. Précautions à prendre pour éviter les accidents. Consignes des ateliers (1).

Notions très élémentaires sur les forces, la composition des forces, le travail, les machines simples et leurs conditions d'équilibre (levier, balance, poulie, treuil).

Unités de force et de travail.

b) *Programme de l'épreuve spéciale à chaque catégorie de candidats.*

I. — CANDIDATS CHEFS ARTIFICIERS.

Programme du cours d'artifices fait aux gradés artificiers détachés à l'Ecole centrale de pyrotechnie militaire.

Nota. — Cet examen ne comportera pas de manipulations.

II. — CANDIDATS CHEFS OUVRIERS EN FER.

Notions élémentaires sur les moteurs fixes à vapeur. Utilité des divers organes. Transmissions. Machines-outils généralement employées pour le travail des métaux. Réglage des machines-outils. Etablissement d'un devis. Notions générales sur les métaux.

III. — CANDIDATS CHEFS OUVRIERS EN BOIS.

Machines-outils généralement employées pour le travail des bois. Réglage des machines-outils. Etablissement d'un devis. Notions générales sur les bois. Tares, défauts et maladies. Emploi des diverses essences. Entretien des bois en magasin et des bois mis en œuvre. Assemblage des bois.

IV. — CANDIDATS CHEFS OUVRIERS SELLIERS.

Notions générales sur la préparation des cuirs. Qualités et défauts des cuirs. Emploi des diverses espèces. Débit des cuirs, examen des pièces débitées. Confection du harnachement. Etablissement d'un devis. Notions générales sur les matières premières autres que les cuirs entrant dans la confection du harnachement. Entretien du harnachement dans les établissements et dans les corps de troupe de l'artillerie et du train des équipages militaires. Service du harnachement dans ces corps.

---

(1) Voir en ce qui concerne l'artillerie métropolitaine le règlement provisoire sur le service intérieur des établissements constructeurs de l'artillerie, du 15 novembre 1904.

V. — CANDIDATS ARTIFICIERS DE L'ARTILLERIE COLONIALE.

Programme des cours et instructions faits à l'Ecole de pyrotechnie maritime de Toulon aux candidats chefs artificiers.

VI. — CANDIDATS OUVRIERS D'ÉTAT DE L'ARTILLERIE COLONIALE.

Notions sur les machines motrices et sur les machines-outils. — Réglage de ces machines. — Notions sur les métaux et sur les bois. — Instruments vérificateurs. — Notions sur les armes et les bouches à feu réglementaires dans la marine et dans les troupes coloniales.

Nota. — Les candidats seront interrogés, autant que possible, en présence des machines, appareils, outils, matières premières se rapportant aux questions qu'ils auront à traiter.

Section C.

GÉOMÉTRIE DESCRIPTIVE.

1° Méthode de projection sur deux plans.

Problèmes relatifs au point, au plan et à la droite.

Préliminaires. — Enoncé des théorèmes de géométrie élémentaire sur lesquels est fondée la méthode des projections.

Représentation du point. — Différentes positions d'un point par rapport au plan de projection. — Représentation de la droite. — Différentes positions d'une droite. — Projection de droites parallèles. — Projection de l'angle de deux droites. — Représentation du plan. — Différentes positions des traces d'un plan

Une ligne perpendiculaire à un plan a ses projections perpendiculaires aux traces de ce plan. — Comment on reconnaît qu'une droite est située dans un plan. — Comment on reconnaît que deux droites sont dans un même plan et se coupent.

Problèmes. — Les traces d'une droite étant données, trouver ses projections, et réciproquement.

Par un point donné dans l'espace, mener une droite parallèle à une droite donnée et trouver la vraie grandeur d'une partie de cette droite.

Par un point donné mener un plan parallèle à un plan donné.

Construire le plan qui passe par trois points donnés dans l'espace.

Rabattement sur un des plans de projection d'un point ou d'une droite autour d'une autre droite située dans ce plan.

Deux plans étant donnés, trouver les projections de leur intersection.

Une droite et un plan étant donnés, trouver les projections du point où la droite rencontre le plan.

2° *Méthode des projections cotées.*

Problèmes sur les droites, les plans et les surfaces courbes.

Préliminaires. — Caractères distinctifs des plans cotés. — Cas où leur emploi est indispensable. — Plan de comparaison, sa situation. — Représentation du point. — Points différents ayant la même projection.

Manière de représenter une droite. — Cas où la droite est horizontale, verticale.

Manière de représenter les plans. — Horizontales équidistantes, échelle de pente. — Circonstances dans lesquelles on emploie l'une ou l'autre de ces méthodes. — Plans horizontaux et verticaux.

Manière de représenter les surfaces courbes. — Courbes horizontales équidistantes. — Génération de la surface dans le cas d'un terrain. — Ligne de plus grande pente.

Problèmes. — Une droite étant donnée par sa projection et les cotes de deux de ses points, trouver : 1° la cote d'un autre point de cette droite dont on donne la projection; 2° la projection d'un point de cette droite dont on donne la cote ; 3° les projections des points de cette droite cotés en nombres ronds ; 4° l'inclinaison de la droite avec l'horizon.

Etant donnée une droite par sa projection, la cote d'un de ses points et son inclinaison à l'horizon, trouver les points de cette droite cotés en nombres ronds.

Mener par un point une parallèle à une droite donnée.

Un plan étant donné, trouver la cote d'un de ses points dont on connaît la projection, et réciproquement.

Trouver l'échelle de pente d'un plan dont on connaît trois points. Même problème lorsque le plan est donné par deux points et son inclinaison à l'horizon, ou par un point, l'inclinaison du plan à l'horizon et la direction des horizontales.

Par un point donné, tracer sur un plan une droite d'une inclinaison donnée.

Trouver l'intersection de deux plans. — Caractère des arêtes et gouttières.

Une surface courbe étant donnée par ses horizontales, trouver la cote d'un point dont on connaît la projection. — Réciproquement, trouver l'intersection d'un plan et d'une surface.

Tracer, à partir d'un point donné sur une surface connue par ses horizontales, une courbe d'une inclinaison constante et donnée avec le plan horizontal.

TOPOGRAPHIE.

Définitions. Opérations essentielles de tout lever. Principe fondamental de la planimétrie. Echelles.

Instruments en usage pour mesurer les distances. Chaînes, règles divisées, fil à plomb, niveau de maçon. Méthodes à suivre pour mesurer, à l'aide de ces instruments, les distances, soit horizontales, soit verticales, soit inclinées.

Marche générale à suivre dans l'exécution d'un lever topographique. Du polygone. Du canevas. Comment on fait un lever. Méthode par la décomposition des polygones en triangles, par intersections, par cheminement.

Lever au mètre, au mètre et à l'équerre d'arpenteur. Arpentage.

Lever de bâtiment. Plans, coupes, élévations, profils. Conventions adoptées, échelles employées. Dessins généraux et dessins des détails. Instruments en usage. Croquis cotés. Opérations du lever proprement dit. Méthode d'exécution des dessins définitifs.

Notions sur le nivellement. Surface de niveau. Surfaces de comparaison. Altitude. Niveau de maçon, niveau à bulle d'air, niveau d'eau, niveau collimateur. A quoi se réduit le problème du nivellement. Carnet des opérations.

Nivellement des terrains plats. Attachements et cubature des déblais.

Exercices pratiques sur l'application des méthodes et l'usage des instruments.

Lecture et emploi de la carte d'état-major. Levers à vue. Reconnaissances militaires.

INSTRUCTION MILITAIRE PRATIQUE.

(Candidats au grade d'officier d'administration du génie.)

Instruction sur l'organisation du terrain (Ire et IIe parties).

Manuel du chef de section (titres I à V).

Instruction pratique sur le service du génie en campagne et combat des petites unités.

Notions sur le matériel :

a) Matériel de pointage (école de ponts, Instruction commune);

b) Notions sommaires sur le matériel des ponts-routes;

c) Matériel de mines et d'abris (Ecole de mines, Ire partie, chapitres I à III, VI et VII);

d) Matériel de transmissions. — Appareil Morse (description). Pile et montage d'appareils optiques (description et emploi). Organes divers entrant dans la composition d'un poste téléphonique (appel, annonciateur, transmetteur téléphonique ou microphonique, écouteurs, sonneries).

Matériel utilisé dans la construction des lignes téléphoniques et télégraphiques (aériennes, enterrées ou traînantes);

e) Matériel de chemins de fer (Instruction de détail du sapeur de chemins de fer, chapitres I, V à X, XIII et annexes. Notions sommaires sur le matériel des ponts démontables;

f) Outillage de l'infanterie; outillage du génie (outils portatifs et de parc). Grenades

(Candidats au grade de conducteur de travaux de l'artillerie coloniale.)

Lever d'un plan.

Nivellement avec le niveau à bulle d'air.

Cubature des terrassements et mouvements des terres.

Qualités et défauts des matériaux, leur emploi, travaux d'entretien.

Mines et explosifs.

DESSIN.

Dessin linéaire : croquis à main levée; épures simples de géométrie descriptive; croquis relatifs aux travaux; dessins de fortification, de bâtiment, de topographie; dessin de lettres régulières.

RÈGLEMENTS MILITAIRES.

Décret portant règlement sur le service intérieur des corps de troupe. (Les candidats sont interrogés sur le règlement concernant leur arme.)

Décret portant règlement sur le service de place.

Décret portant règlement sur le service en campagne.

Règlement provisoire de manœuvres d'infanterie.

Instruction concernant la protection contre les gaz, du 15 octobre 1918 (parties I à VII et appendice).

Instruction du tir (Règlement du 31 août 1903. Notes du 10 octobre 1916 et du 1er avril 1917).

Programme des connaissances militaires à exiger des candidats aux Écoles militaires d'infanterie de cavalerie, d'artillerie et du génie aux concours de 1922 et années suivantes.

Ecole militaire d'infanterie (1).

Ce programme a pour bases les connaissances exigées pour l'obtention du brevet d'aptitude à l'emploi de chef de section (*Bulletin officiel*, édition chronologique; circ. du 27 juin 1921, page 2220).

Il comporte les matières suivantes :

I. — INSTRUCTION THÉORIQUE.

Règlement provisoire de manœuvre d'infanterie du 1" février 1920.

1" PARTIE.

Chapitre VII. Moyens de commandement.
Chapitre VIII. Définitions et règles générales.
Titre I". — Chapitre IX. Composition du régiment.
Titre II. — Ecole du soldat.
Titre III. — Ecole du groupe.
Titre IV. — Ecole de section.
Titre V. — Notions indispensables pour commander la section dans la compagnie.

2" PARTIE.

Titre II. — Chapitre V. Notions indispensables pour commander la section dans la compagnie.
Chapitres VI et VII.
Chapitre VIII, art. 305 à 309 et 314 à 354.
Titre III. — Partie des chapitres III et IV intéressant les chefs de section.
Annexes VIII, IX, XI, XII. — Parties intéressant les chefs de section.

Instruction provisoire sur la pratique du tir du 1" septembre 1920.

1" PARTIE.

Fusil et mousqueton. — Principes généraux (en entier).
Titre II. — Instruction du tireur pour le combat n° 82.
Chapitre I", article I". Règles et limites d'emploi du tir individuel. — Utilisation du terrain.
Chapitre II. — Instruction collective.

2" PARTIE.

Instruction des fusiliers pour le combat n" 132 à 135.
Chapitre I". — Instruction préparatoire.
Titre II. — Chapitre II. Instruction de l'équipe : article I", rôle du chef de groupe de combat, fonctions des fusiliers; article II, service de l'arme; article III, exécution des feux; article IV, tir contre avion.

---

(1) Texte nouveau. (Rectificatif du 15 novembre 1923.)

4ᵉ PARTIE. — *Grenades.*

Titre Iᵉʳ. — Chapitre II. Instruction du grenadier pour le combat (moins l'article II).

Titre II. — Chapitre II. Instruction du grenadier V.-B. pour le combat (moins l'article II).

Annexes. — N° 1. Appréciation des distances. — N° 2. Recherche et désignation des objectifs. — N° 3. Etude et repérage du terrain.

Instruction provisoire pour les unités de mitrailleuses d'infanterie du 1ᵉʳ octobre 1920.

1ʳᵉ PARTIE. — *Préparation technique des unités de mitrailleuses.*

Titre II. — Chapitre II. Service de la pièce.

Titre III. — Ecole du groupe.

Titre IV. — Ecole de section.

Titre V. — Notions indispensables pour commander la section dans la compagnie soit pendant les évolutions, soit au combat (tir direct et indirect).

2ᵉ PARTIE. — *Les unités de mitrailleuses au combat.*

Chapitre Iᵉʳ. — Article 1ᵉʳ, conditions générales d'emploi des mitrailleuses; article II, tir direct, tir indirect jusqu'au n° 381; article III, organisation et exercice du commandement.

Chapitre II. — Article Iᵉʳ, exécution des missions (combat offensif); article II, n° 423, consignes de la section ou du groupe; article III, exécution des missions (conservation du terrain).

Règlement sur les sections de mitrailleuses d'infanterie dotées de mitrailleuses Hotchkiss modèle 1914 (tome II).

Matériel (en entier).

Instruction provisoire du 30 mai 1916 sur le canon de 37ᵐᵐ modèle 1916 TR.

Titre II. — Matériel (articles 1 à 10).

Titre III. — Service du canon.

Instruction provisoire du 20 juin 1919 sur les mortiers Stockes de 81ᵐᵐ avec rectificatifs n°ˢ 1 et II et additif n° 1.

Titre II. — Matériel.

Titre III. — Service de la pièce.

Titre IV. — Manœuvre de la pièce et exécution du tir.

Instruction sur le matériel de tir et les champs de tir d'infanterie du 8 février 1903.

1ʳᵉ PARTIE.

Chapitre Iᵉʳ (art. 2 et art. 3). — Fonctionnement du mécanisme du fusil modèle 1886 modifié 93. Enrayage, démontage, remontage et entretien du fusil.

Chapitre II. — Revolver modèle 1892.

2ᵉ PARTIE.

Chapitre VII. — Télémètres.

Instruction du 1er juillet 1918 sur le fusil modèle 1907-1915 modifié 1916.

1re PARTIE. — *Fusil modèle 1907-1915.*

Chapitre II. — Fonctionnement du mécanisme.
Chapitre III. — Démontage, remontage, entretien.

2e PARTIE. — *Fusil modèle 1907-1915 modèle 1916.* — Fusil modèle 1907-1915 modifié 1916.

Annexes. — Renseignements numériques.

Instruction provisoire du 1er février 1916 sur le fusil mitrailleur modèle 1915.

Titre Ier. — Chapitre II. Fonctionnement de l'arme.
Chapitre III. Démontage et remontage de l'arme.
Chapitre IV. Entretien du fusil et des chargeurs.
Titre II. — Les munitions.
Titre III. — Accessoires et objets divers.
Titre IV. — Equipement, armement et outils des fusiliers.

Instruction sur le dressage des grenadiers du 13 mars 1919.

Titre II. — Chapitre Ier. Grenades à main.
Chapitre II. Grenades à fusil.

Règlement concernant les gaz de combat et notice relative à l'instruction sur la protection contre les gaz de combat du 8 novembre 1918.

3e PARTIE.

Titre III. — Chapitre Ier. Appareils A. R. S.
Chapitre II. Masque M-2.
Chapitre III. Appareil Tissot P. M.
Chapitre IV. Appareil Tissot G. M.
Annexe.
Titre IV. — Chapitre Ier. Particularités de l'ypérite.
Chapitre II. Soins préventifs. Soins immédiats en cas d'atteinte.

4e PARTIE

Titre Ier. — Signaux d'alerte.
Titre II. — *Abris*

*Services des places (Décret du 7 octobre 1909 mis à jour.
au 12 mai 1924 (volume 75).*

1re PARTIE.

Chapitre II. — *Exécution du service* (en entier).
Chapitre III. — *Police militaire.* Section V, section VI.
Chapitre VI. — *Honneurs et préséances.* Section II, section III, section IV (art. 126 à 130), section V (notions d'ensemble).
Annexe n° 2 (en entier).

Service intérieur (Décret du 25 août 1913 mis à jour le 20 mars 1920).
(volume 781).

1ʳᵉ PARTIE.

Titre Iᵉʳ (en entier).
Titre V. — Chapitres XV à XX.

2ᵉ PARTIE.

Titre VIII. — Chapitre XXVIII (art. 194 à 225).
Chapitre XXX (art. 229 à 230).
Chapitre XXXIV (en entier).
Chapitre XXXV (art. 279 à 287 et art. 291 à 295).
Titre IX. — Chapitre XXXVI (art. 313 à 317).
Chapitre XXXVIII (art. 325, 326, 328, 330, 333, 335 à 344).
Chapitre XXXIX (en entier).
Chapitre XL (sauf les art. 381 à 388).
Chapitre XLI (en entier).
Chapitre XLII (en entier).
Annexe A (art. 4 à 9 et art. 16).
Annexe B (en entier).

Projet de règlement général d'éducation physique du 1ᵉʳ juillet 1919.

3ᵉ PARTIE. — *Education physique supérieure.*

Chapitres III, IV, V, VI.

4ᵉ PARTIE. — *Adaptations professionnelles.*

Titre Iᵉʳ. — Education et instruction physique militaires (en entier).
Titre II. — Rééducation militaire. Chapitres I et II.

Règlement sur l'entraînement physique du combattant
du 1ᵉʳ septembre 1918.

1ʳᵉ PARTIE.

Chapitre IV.

Manuel du chef de section d'infanterie (édition de janvier 1918).

Titre II. — Chapitre VIII. Ecole élémentaire d'organisation du terrain.
Titre III. — Chapitre II. Nᵒˢ 25 et 26 : pistolets.
Chapitre VI. Explosifs et destructions.
Chapitre VII. — Les outils.
Chapitre VIII. Les voitures et les chevaux de la compagnie.
Chapitre IX. Artifices éclairants et engins de signalisation, engins de lancement.
Chapitre X. Téléphone et appareils de radiotélégraphie.
Chapitre XI. Moyens d'observation et de reconnaissance.
Titre IV. — Chapitre VII. Principe de l'organisation du terrain.
Chapitre IX. Méthodes de liaison et de signalisation (sauf art. 200, 201 et 202).
Chapitre X. Hygiène et alimentation.
Chapitre XI. Ravitaillement en munitions et en matériel.

Chapitre XII. Transports en chemin de fer.
Chapitre XIV. Notions sur les lois de la guerre
Titre V. — Chapitre II. Service postal.
Chapitre III. Munitions.
Chapitre IV. Conseils de guerre.
Titre VI. — L'infanterie dans les cantonnements (art. 38, 43, 44, 45, 46, 47, 50, 55, 56, 57, 58. 59).

Administration.

Comptabilité de la compagnie en temps de paix.
Notions sur la comptabilité en campagne.

II. — CONNAISSANCES PRATIQUES.

Application sur le terrain des connaissances théoriques nécessaires au chef de section particulièrement en ce qui concerne :

Les évolutions de la section;
Le combat offensif et défensif de la section;
La conduite des feux;
Le service en campagne;
L'organisation du terrain;
L'emploi des divers engins de l'infanterie;
Les liaisons et transmissions;
Le ravitaillement en munitions;
L'éducation physique.

Lecture et emploi des cartes.
Emploi de la boussole.

École militaire d'infanterie (Chars de combat).

I. — PROGRAMME PROPREMENT DIT.

Projet de règlement de manœuvre des unités de chars légers, du 11 mars 1920.

Instruction provisoire sur l'emploi des chars de combat comme engins d'infanterie.

Règlement provisoire de manœuvres d'infanterie du 1er février 1920 :

Ire partie. — Titre I, chapitre IX.

IIe partie. — Titre II, chapitres IV, V, VI et VII, titre VIII.

§ 1° Combat avec les chars légers.

Instruction provisoire pour les unités de mitrailleuses d'infanterie du 1er octobre 1920, IIIe partie (description, fonctionnement et entretien des mitrailleuses Hottchkiss).

Notice sur le canon de 37mm S. A. pour les chars légers.

Décret du 25 août 1913, portant règlement sur le service intérieur de l'infanterie et du génie, titre V, titre VIII, chapitres XXVIII et XXXV, titre X, annexe B (vol. 78¹).

Décret du 7 octobre 1909 portant règlement sur le service des places. Chapitres I, II, III et VI (vol. 75).

Lecture des cartes et plans directeurs.

Comptabilité de compagnie : temps de paix et temps de guerre.

Guide pratique d'éducation physique du 14 octobre 1918.

Ecole d'application de cavalerie.

Programme d'examen théorique des connaissances militaires pour l'admission à l'Ecole d'application de cavalerie :

SERVICE EN CAMPAGNE.

Ordres. Rapports. Leur rédaction et leur transmission.

L'exploration : principes généraux, service de découverte, transmission des renseignements.

La sûreté : Sûreté en marche; sûreté en station.

Les marches : Ordre de mouvement. Eléments constitutifs des colonnes. Ordre de marche des éléments. Formation de marche. Formation de colonne. Préparatifs de départ. Vitesse de la marche. Haltes. Devoirs des officiers et des gradés pendant la marche; rencontre de deux colonnes. Marches forcées, marches de nuit, marches par la chaleur et par le froid. Marche des trains régimentaires.

Stationnement : Cantonnement, bivouacs, camps.

Notions sur l'alimentation des troupes en campagne.

Réquisitions.

Les détachements.

Les convois et leurs escortes.

Les travaux de campagne.

Les passages de rivière.

Les destructions.

Orientation. Connaissance du terrain. Indices.

Décret du 25 août 1913 portant règlement sur le service intérieur des corps de troupe de cavalerie (vol. 78²).

Décret portant règlement sur le service de place.

Règlement de la cavalerie (1ʳᵉ et 2ᵉ parties), annexes au règlement provisoire de la cavalerie de 1920 (1).

Manuel d'hippologie (1914).

---

(1) *Texte nouveau.* (Rectificatif du 11 janvier 1924, *Bulletin officiel,* page 76).

Instruction provisoire pour les unités de mitrailleuses d'infanterie du 1er octobre 1920 :

Ire partie (Préparation technique des unités de mitrailleuses). — Propriétés des mitrailleuses. Définitions. Ecole de la pièce. Fonctions des servants. Mise en batterie. Tir. Tir indirect.

Notions succinctes sur le matériel : Mitrailleuses. Munitions. Instruments et accessoires divers.

Le fusil-mitrailleur : Matériel. Emploi. Effets.

Instruction provisoire sur la pratique du tir du 1er septembre 1920.

Comptabilité de l'escadron :

Notions succinctes sur l'administration d'un escadron. Perception des allocations en deniers et en nature. Ordinaire (ressources, charges, boni, livret d'ordinaire). Situation administrative : feuilles de journées, habillement; magasin d'escadron; distribution; bon mensuel.

Registre de comptabilité de l'escadron.

La situation-rapport.

Ecole militaire de l'artillerie (1).

(Divisions de l'artillerie métropolitaine et coloniale.)

A) INSTRUCTION THÉORIQUE.

a) *Instruction provisoire sur le service en campagne de l'artillerie.* — Titre II; titre III; titre IV, chapitres 2 et 3; titre V, chapitres 1 et 2; titre VI.

b) *Mitrailleuses.* — Description, fonctionnement et emploi.

c) *Service intérieur et service des places* (commun à tous les candidats). — Tous les articles concernant les canonniers, brigadiers et sous-officiers.

d) *Connaissance du matériel d'artillerie.* — Description, fonctionnement, entretien du matériel choisi par le candidat. Vérification (et installation s'il y a lieu) des organes et des appareils de pointage.

e) *Instruction sur le tir.* — Instruction générale sur le tir de l'artillerie. Titre I; titre II (l'examen portant plus *spécialement* sur les munitions afférentes au matériel choisi par le candidat);

---

(1) Texte nouveau. (Rectificatif du 15 janvier 1923.)

titre III : chapitres 1, 2, 3 et 4; titre IV, titre V : chapitre 3, articles 1 et 2; titre VII (l'examen portant plus *spécialement* sur l'emploi du matériel choisi par le candidat).

f) *Transmission et signalisation.* — Appareil micro-téléphonique modèle 1916, postes centraux de groupe et de batterie, lignes téléphoniques : description, fonctionnement, installation, vérification, recherche des dérangements, signalisation, optique, fonctionnement et installation des projecteurs.

g) *Manœuvre de force* (commun à tous les candidats). — Généralités sur les agrès, chèvre modèle 1840. Palans et crics.

h) *Travaux de campagne* (commun à tous les candidats). — Généralités sur l'organisation des positions; tranchées et sapes-réseaux. Notions sur l'organisation et la construction des abris. Instruction sur la composition des batteries. Titre Ier : chapitres 1, 2, 3 et 4; titre II : chapitre 2, paragraphe B et paragraphe C; chapitre 4.

i) *Comptabilité de batterie* (commun à tous les candidats). — Notions sur la comptabilité d'une batterie en temps de paix et en temps de guerre.

j^1) *Hippologie et hygiène des chevaux, harnachement.* — Extérieur du cheval, tares des membres, robes, soins de propreté. Soins à donner aux chevaux malades. Blessures et accidents qu'on observe le plus fréquemment dans les corps de troupe à cheval. Description, entretien et ajustage du harnachement.

j^2) *Automobilisme.* — Description, fonctionnement et entretien des véhicules automobiles.

k) *Éducation physique.* — Projets de règlement général d'éducation physique. — Quatrième partie. Titre I : éducation et instruction militaires.

B) Instruction pratique.

a) *Manœuvre :*

1° Manœuvre à pied. Instruction individuelle; donner la théorie et la leçon d'un mouvement. Commandement d'une section;

2° Manœuvre d'artillerie. Instruction individuelle. École de la pièce. Commandement d'une pièce ou d'une section à distance de commandement à la voix, mise en surveillance, ouverture du feu et exécution du tir sur objectif indiqué; changements d'objectif; correction de station (matériel choisi par le candidat).

b) *Service en campagne. Préparation du tir. Lecture de cartes.* — Sécurité de l'artillerie en marche et en position. Reconnaissance et jalonnement d'itinéraire; reconnaissance et occupation (sans matériel) d'emplacement de batterie; placement sur le terrain des postes de commandement; postes d'observation; étude pratique de l'organisation des liaisons et transmissions, des travaux d'installations du matériel et du personnel, de la préparation et de l'organisation du tir (épreuve adaptée au matériel choisi par le candidat). Lecture de la carte au 1/80.000° et du plan directeur; comparaison avec le terrain; plan d'horizon.

c) *Topographie.* — Emploi de la planchette, de l'alidade nivellatrice, du goniomètre-boussole et de la chaîne, en particulier dans les diverses opérations de la préparation du tir de l'artillerie.

d) *Equitation ou conduite automobile.* — Travail individuel.

e) *Education physique.* — Courir, sauter en longueur et en hauteur; grimper.

f) *Escrime.*

École militaire de l'artillerie (division du train des équipages).

A) INSTRUCTION THÉORIQUE.

a) *Service en campagne.* — Notions du service du train des équipages en campagne.

b) *Service intérieur et service des places.* — Tous les articles concernant les brigadiers et les sous-officiers.

c) *Connaissance du matériel.* — Matériel et voiture de train.

d) *Comptabilité de compagnie.* — Comptabilité d'une compagnie en temps de paix et en temps de guerre.

e) *Hippologie et hygiène des chevaux.*

B) INSTRUCTION PRATIQUE.

a) *Manœuvre :*

1° Manœuvre à pied. — Instruction individuelle et école de section.

2° Conduite de voitures et conduite d'un détachement.

b) *Service en campagne pratique et lecture des cartes.* — Application pratique des règles du service en campagne. Lecture de la carte au 1/80.000°.

c) *Equitation.*

d) *Education physique.* — Même programme que pour la division de l'artillerie (voir plus haut).

e) *Conduite des véhicules automobiles.*

Génie.

INSTRUCTION THÉORIQUE.

Règlement provisoire de manœuvre d'infanterie du 1er février 1920 (1). — *I*re *partie.* — Titre Ier : Chapitre VII. Moyens de commandement. — Chapitre VIII. Définition et règles générales. — Chapitre IX (1).

Titre II (1) : Ecole du soldat. — Chapitres I à V (les mouvements et les tirs avec le fusil et le fusil-mitrailleur ne seront pas demandés). — Chapitres VIII et IX.

Titre IV (1) : Ecole de section.

Titre V (1) : Notion indispensable pour commander la section dans la compagnie du génie.

*II*e *partie.* — Préliminaires. — Titre Ier : Chapitres III, IV et V en entier.

Règlement concernant les gaz de combat et notice relative à l'instruction sur la protection contre les gaz de combat du 8 novembre 1918. — *III*e *partie.* — Titre III : Chapitre Ier. Appareil A. R. S. — Chapitre II. Masque M. — Chapitre III. Appareil Tissot P. M. — Chapitre IV. Appareil Tissot C. M. Annexe.

Titre IV : Chapitre Ier. Particularités de l'ypérite. — Chapitre II. Soins préventifs, soins immédiats en cas d'atteinte.

*IV*e *partie.* — Titre Ier : Signaux d'alerte. — Titre II : Abris.

Manuel du chef de section d'infanterie. Edition de janvier 1918. — Titres V, VI, VII : Discipline générale. — L'infanterie dans les cantonnements. — L'infanterie dans les tranchées.

Instruction pratique sur le service du génie en campagne. — En entier.

---

(1) Tel qu'il est utilisé par les troupes du génie, c'est-à-dire avec les suppressions et modifications indiquées par la note annexée à la circulaire 3325 3/4 du 1er mai 1920.

Guide pratique d'éducation physique du 14 octobre 1916. — Chapitres Ier, II et III.

Organisation du terrain à l'usage des troupes de toutes armes. — *Ire et IIe partie.* — En entier.

Administration. — Notion sur la comptabilité de la compagnie. — 1° En temps de paix dans un régiment. 2° En campagne, unité s'administrant isolément.

Service intérieur. — *Ire partie.* — Titres I et V : Principes généraux. — La compagnie.

IIe partie. — Titre VIII.

IIIe partie.

IVe partie. — Titre XI.

Règlement sur le service des places. — *Ire partie.* — Service de garnison (sauf les chapitres IV et V).

INSTRUCTION PRATIQUE.

Manœuvre d'infanterie. — Exécution. Commandement. Instructeur.

Instruction du 27 mai 1918 sur les mousquetons modèle 1892 et modèle 1892 modifié 1916, et sur la carabine modèle 1890. — Fonctionnement. Démontage. Remontage. Entretien.

Instruction provisoire sur la pratique du tir du 1er septembre 1920. — Titre Ier : Instruction technique du tireur. — Chapitre Ier (mousqueton).

Titre II : Instruction du tireur pour le combat.

IVe partie. — Titre Ier : Grenades à main.

a) Sapeurs-mineurs, pontonniers, électro-mécaniciens (1).

Ponts. Écoles de ponts. — Fascicules I C.I.; I C.I² (sauf chapitre VI); I P² (chapitres Ier, II, III, VII, X).

Ponts. — Instruction provisoire sur les nouveaux types de ponts d'équipage du 4 septembre 1913. — Notice relative à la construction d'un pont d'équipage pour véhicule de 13 t. 5, dont 8 sur 1 essieu, du 7 décembre 1918. — Manuel du 25 février 1918 sur la construction de ponts de pilots pour poids lourds I. C. (on se bornera au pont type n° 1).

---

(1) Texte nouveau. (Rectificatif du 15 novembre 1923.)

Mines. — Artifices, explosifs et appareils mécaniques, écoles de mine, instruction provisoire du 13 juillet 1917 sur l'écoute des bruits souterrains dans la guerre de mines, compresseur d'air, perforateur Guillot, perforeuse Mokesky, soudeuse Bornet, foreuse E. C. M. S., tarière Guilleron, élévateur Mascart-Dessoliers, excavateur Legrand, transporteur Tronchet.

Pratique des connaissances contenues dans les différentes écoles (commandement d'un détachement dans les matières du programme ci-dessus : ponts et mines).

b) Sapeurs télégraphistes (1).

Transmissions. — Cours technique du centre d'instruction des élèves officiers télégraphistes (en entier).

Cours technique du centre d'instruction pour élèves officiers radio-télégraphistes (les trois volumes).

Instruction pratique sur les liaisons et transmissions en campagne (construction, exploitation, réparation).

Explosifs. — Description et emploi des explosifs (Ecole de mines, 2ᵉ partie, chapitres 1 et 2). — Destructions intéressant les sapeurs télégraphistes (Ecole de mines, 3ᵉ partie, extraits du chapitre 1ᵉʳ).

c) Sapeurs de chemins de fer.

Construction et destruction des voies ferrées (voie normale et voie de 0ᵐ,60).

Instruction de détail du sapeur de chemin de fer.

Instruction sur les points spéciaux de la voie (chapitres 1, 2 et 5).

Règlement sur le service du chemin de fer à voie de 0ᵐ,60 du 12 mai 1910 : 1ʳᵉ partie, chapitres 1 et 2.

Ecole de tracé rapide (1ᵉʳ fascicule).

Instruction sur le tracé de la voie de 0ᵐ,60 (supplément 1 au Règlement du 12 mai 1910), titres I et II.

Instruction donnant les règles élémentaires de sécurité pour assurer l'exploitation rudimentaire des voies ferrées en campagne.

Annexe 12 à la 3ᵉ partie du Règlement du 12 mai 1910 : signaux.

Instruction sur la télégraphie et la téléphonie à l'usage des troupes de chemins de fer.

---

(1) Texte nouveau. (Rectificatif du 15 novembre 1923.)

Ecoles de mines : 2ᵉ partie, chapitre 1, chapitre 2 (paragraphes 1, 2 et 3, nᵒˢ 232 à 238); 3ᵉ partie, chapitre 1ᵉʳ.

Instruction pratique sur la mise hors de service des voies ferrées.

Ponts et charpentes. — Ecole de ponts : Instruction générale commune (1ᵉʳ fascicule, chapitres 2, 4 et 5, en se bornant à ce qui concerne les portières).

Ecole de charpentes (1ᵉʳ fascicule, titres I, II, III, sans insister sur la description détaillée du matériel des parcs des compagnies de sapeurs de chemins de fer).

Instructions sur les matériels pour le franchissement des petites brèches : hauts laminés, ponts S. D. (principe des méthodes de lancement).

Lecture de la carte.

Aptitude physique. — Education physique. Escrime. Equitation.

ANNEXE N° 2.

Programme du concours de 1924 pour les Écoles militaires d'infanterie, de cavalerie, d'artillerie et du génie.

CONNAISSANCES GÉNÉRALES.

Composition française. — Littérature. — Histoire. Géographie. — Physique. — Chimie. — Trigonométrie.

Mêmes programmes qu'aux concours de 1922 et 1923.

MÉCANIQUE.
(Oral.)

Ire *partie*. — CINÉMATIQUE.

Mouvement d'un point matériel; trajectoire; exemples.
Mouvement rectiligne; mouvement uniforme; vitesse; sa représentation par un vecteur; mouvement uniformément varié, vitesse et accélération.

IIe *partie*. — STATIQUE.

Force. — Sa représentation par un vecteur; mesure de l'intensité d'une force à l'aide d'un dynamomètre (pression, traction) : unités de mesure (voir Physique).
Forces appliquées à un même point matériel. — Composition de ces forces, résultante, condition d'équilibre, polygone des forces.

ARITHMÉTIQUE.
(Écrit et oral.)

Numération décimale.
Opérations sur les nombres entiers, addition, soustraction, multiplication, division.
Produit d'une somme ou d'une différence par un nombre; produit de la somme de deux nombres par leur différence; produit de facteurs.

Puissances.

Problèmes sur les quatre opérations.

Caractères de divisibilité par 2, par 5, par 9, par 3. Preuve des opérations.

Plus grand commun diviseur de deux ou plusieurs nombres. Nombres premiers entre eux.

Nombres premiers.

Décomposition d'un nombre entier en un produit de facteurs premiers.

Composition du plus grand commun diviseur et au plus petit commun multiple de deux ou plusieurs nombres décomposés en facteurs premiers.

Tout nombre qui divise un produit de deux facteurs et qui est premier à l'un de ces facteurs divise l'autre.

Fractions ordinaires : simplification, réduction au même dénominateur, opérations.

Fractions décimales, nombres décimaux; opérations. Calcul d'un quotient à une approximation décimale donnée.

Conversion des fractions ordinaires en fractions décimales et réciproquement.

(Il ne sera pas question des fractions décimales périodiques.)

Règle pratique pour l'extraction de la racine carrée d'un nombre entier ou décimal.

Système métrique : longueurs, surfaces, volumes, poids; multiples et sous-multiples usuels. Changements d'unités en utilisant les exposants. Problèmes.

Rapports et proportions. Quatrième et moyenne proportionnelle. Transformation des proportions.

Grandeurs directement et inversement proportionnelles. Règles de trois.

Partages proportionnels.

Mélanges et alliages.

Notions d'arithmétique commerciale; intérêt simple, escompte; rentes sur l'Etat.

Les candidats devront, en outre, être entraînés au calcul mental.

ALGÈBRE.

(Ecrit et oral.)

Programme commun à toutes les écoles.

Nombre algébrique, positif ou négatif.

Calcul algébrique : addition, soustraction, multiplication;

mise en facteurs .: division des monômes; règle pratique de la division des polynômes; divisibilité d'un polynôme entier en x par $x - a$.

Fractions algébriques; simplification et opérations. Puissances et racines d'un nombre algébrique.

Exposants négatifs et exposants fractionnaires.

Equations : Equation du premier degré à une ou plusieurs inconnues : résolution de l'équation du second degré à une inconnue. — Application des équations à des questions d'arithmétique et de géométrie; interprétation des solutions négatives.

Progressions arithmétiques et géométriques : principales propriétés.

Logarithmes vulgaires : définition, usage des tables à 5 décimales.

COMPLÉMENTS D'ALGÈBRE.

Pour les Ecoles militaires de l'artillerie et du génie et pour l'Ecole militaire d'infanterie (subdivision des chars de combat), exigés aux examens écrits et oraux.

Fonctions explicites d'une variable.

Variations d'une fonction.

Représentation graphique d'une fonction. Coordonnées d'un point par rapport à deux axes rectangulaires.

Variations et représentations graphiques des fonctions.

$$y = ax + b$$
$$y = ax + b$$
$$\overline{a'x + b'}$$
$$y = ax2 + bx + c.$$

Dérivée : notions.

Signification géométrique de la dérivée.

Le signe de la dérivée donne le sens de la variation

Maxima et minima.

Dérivée d'un polynôme.

GÉOMÉTRIE.

Écoles militaires d'infanterie, de cavalerie, d'artillerie

Ajouter aux programmes de 1922 et 1923 la IIIe partie : Géométrie descriptive, des programmes 1922 et 1923 :

a) Méthode des projections cotées (examens oraux seulement).

Ecole militaire du génie.

Même programme qu'én 1922 et 1923.

DESSIN.

Ecole militaire du génie (même programme qu'en 1922 et 1923).
Annexe 3.

Programme du concours de 1925 pour les Écoles militaires d'infanterie, de cavalerie, d'artillerie et du génie.

CONNAISSANCES GÉNÉRALES.

Composition française. — Littérature. — Histoire. — Géographie. — Physique. — Chimie. — Algèbre. — Arithmétique.

Mêmes programmes qu'au concours de 1924.

TRIGONOMÉTRIE.

(Oral) (1).

Programme remplaçant celui prévu pour 1922-1923.

Définition d'un angle.
Fonctions circulaires : sinus, cosinus, tangénte, cotangente. Leurs variations.
Étude de quelques angles remarquables :

$$\frac{\pi}{6} \quad \frac{\pi}{4} \quad \frac{\pi}{3} \quad \frac{2\,\pi}{3}$$

Relations entre les lignes trigonométriques d'un même angle.
Relations entre les lignes trigonométriques des angles :

$$a, -a, \pi-a, \pi+a, \frac{\pi}{2}-a, \frac{\pi}{2}+a.$$

Développement de sin $(a+b)$, cos $(a+b)$, sin $2a$, cos $2a$.

---

(1) Ecrit et oral pour l'Ecole militaire d'artillerie.

Relations entre les angles et les côtés d'un triangle rectangle, d'un triangle quelconque.

Usage des tables de logarithmes relatives aux lignes trigonométriques.

MÉCANIQUE.

(Examen oral.)

Programme de 1924 complété comme il suit :

Forces appliquées à un corps solide. — Forces concourantes. Forces situées dans un même plan; couple; forces parallèles, composition, moment d'une force par rapport à un point; théorème des moments, moment d'un couple; conditions d'équilibre. Forces non situées dans un même plan; réduction à une force et à un couple des forces appliquées à un solide libre.

Conditions générales d'équilibre d'un solide libre.

Centres de gravité; détermination de ces centres pour les surfaces et volumes usuels. Equilibre du solide gêné; réaction; solide ayant un point fixe, un axe fixe; solide reposant sur un plan fixe par un ou plusieurs points.

Machines simples. — Conditions d'équilibre des leviers, balances, poulies, moufles et palans, treuils, plan incliné.

GÉOMÉTRIE.

École militaire du génie.

Même programme qu'aux concours de 1922, 1923 et 1924.

Écoles militaires d'infanterie, de cavalerie, d'artillerie.
(Examen oral.)

Programme de 1924, plus le paragraphe B : Méthode des projections sur deux plans de la IIIe partie « Géométrie descriptive » du programme de 1922 et 1923.

DESSIN.

Écoles militaires
d'infanterie, de cavalerie, d'artillerie, du génie.

Programme de 1922 et 1923 de l'Ecole militaire du génie, plus :

IIe partie. — Croquis cotés a main levée.

Représentation géométrale de solides géométriques simples; plan, élévation, profil, coupes des différents dessins se correspondant par lignes de rappel.

De même, représentation géométrale d'objets simples :

Solides géométriques; cube, prisme à base carrée, à base hexagonale, à base triangulaire; brique pleine, pyramide à base carrée, à base hexagonale, cylindre, cône, sphère, demi-sphère.

Objets usuels : chaise, tabouret, table, guéridon, assemblages de pièces de bois, boîte à outils; boulons; rabots de menuisier; établi; objets de quincaillerie, organes simples de machines, etc...

Perspective cavalière d'un solide géométrique, d'un objet usuel.

Les différents dessins seront munis de traits de force, d'après les conventions d'éclairement habituelles, et seront exécutés au crayon, sur papier quadrillé.

Instruction sur la préparation des candidats des troupes métropolitaines aux écoles de sous-officiers élèves officiers (1).

N° 549 10/11 D.   Paris, le 25 janvier 1922.

Dispositions générales.

Article 1er. La préparation des candidats aux écoles de sous-officiers élèves officiers est assurée au moyen de cours à trois degrés.

Le cours du 1er degré est destiné aux gradés ayant au moins six mois de service et susceptibles de concourir, par la suite, pour l'admission aux écoles de sous-officiers.

Le cours du 2e degré est réservé aux gradés ayant justifié par

---

(1) Mise à jour par l'incorporation dans le texte des modifications prescrites par les rectificatifs des 17, 20 février et 15 novembre 1922.

un examen de la connaissance de toutes les matières enseignées au cours du 1ᵉʳ degré (voir article 10).

Le cours du 3ᵉ degré est réservé aux sous-officiers ayant au moins une année de grade et ayant justifié par un examen, de la connaissance de toutes les matières enseignées au cours du 2ᵉ degré.

Les candidats ayant déjà fait des études sérieuses pourront être admis, après vérification de leurs connaissances, soit à entrer directement au cours du 2ᵉ degré, soit à entrer directement au cours du 3ᵉ degré, soit à se présenter directement aux concours d'admission, à condition, toutefois, qu'ils remplissent les autres conditions exigées par l'instruction, pour l'admission aux écoles de sous-officiers élèves officiers.

Le cycle complet des trois degrés ne s'adressera qu'aux jeunes gens doués de qualités intellectuelles suffisantes, mais n'ayant pas pu compléter leurs études pour des empêchements quelconques.

Programme d'enseignement.

Article 2. Les matières à enseigner sont celles des programmes d'admission de l'instruction pour l'admission aux écoles de sous-officiers élèves officiers.

Le cours du 1ᵉʳ degré comporte surtout un débourrage sérieux des élèves, en français, arithmétique, algèbre et géométrie plane.

Les cours du 2ᵉ degré comprennent l'étude de l'histoire et de la géographie, achèvent les programmes d'arithmétique, algèbre, trigonométrie et géométrie; commencent ceux de mécanique, physique, chimie et dessin.

Le cours du 3ᵉ degré, en dehors de l'achèvement des programmes, comprend, dans chaque matière, un nombre important de leçons de revision.

Le programme général d'enseignement, ainsi que sa répartition entre les trois degrés de cours, font l'objet de l'annexe à la présente instruction.

Organisation des cours.

Article 3. Il est organisé, si possible, un cours de chaque degré dans tout corps de troupe ou toute portion principale de corps de troupe.

Ce cours est destiné à donner l'instruction de chaque degré :

a) Aux gradés du corps candidats aux écoles;

b) Aux gradés candidats aux écoles et appartenant à des détachements d'autres corps, à des compagnies formant corps ou à des services stationnés dans la garnison.

La répartition des divers détachements, compagnies. formant corps et services entre les cours de chaque degré organisés dans une même garnison, est faite par le commandant d'armes.

Article 4. Si le nombre des élèves est peu élevé, il est recommandé de n'organiser qu'un cours de chaque degré pour deux ou plusieurs corps de troupe de la même garnison. Dans ce cas, tous les détails d'organisation du cours sont réglés par entente directe entre les corps intéressés et sous réserve de l'approbation du général ou des généraux de brigade dont ils relèvent. Une des deux écoles régimentaires (1), assure l'ensemble du service, les officiers professeurs étant pris simultanément dans les deux corps.

De même, il peut être organisé, à titre exceptionnel, et dans les mêmes conditions que ci-dessus, des cours de chaque degré, communs à plusieurs détachements stationnés, à l'exclusion de tout autre corps ou portion principale de corps de troupe, dans une même garnison.

Enfin, dans les corps de troupe fractionnés, les chefs de corps prendront, pour l'instruction à chaque degré, des gradés appartenant à des détachements complètement isolés, telles mesures qu'ils jugeront convenables, en s'inspirant de l'esprit de la présente instruction.

L'organisation des cours du 3e degré pour les sous-officiers d'artillerie appartenant aux bataillons d'ouvriers et au groupe de repérage, fera l'objet d'une circulaire particulière.

Article 5. L'organisation des cours communs à plusieurs corps est arrêtée, dans chaque place intéressée, par le commandant d'armes. Toutefois, dans le cas où le commandant d'armes est général de division, il est autorisé à déléguer cette mission à un général de brigade.

---

(1) (Ou dépôt de matériel du génie, de télégraphie militaire ou école de chemins de fer).

En particulier, le commandant d'armes (ou son délégué) :

Détermine le nombre de cours de chaque degré à organiser;

Répartit, s'il y a lieu, entre ces cours, les corps ou détachements et services de la garnison;

Répartit les séances entre les matières à enseigner et détermine les heures des séances, de manière qu'elles aient lieu en dehors des périodes de la journée consacrées normalement aux instructions et manœuvres;

Choisit les officiers professeurs, de manière à répartir, autant que possible, les charges sur l'ensemble des corps ou détachements de la garnison.

Pour l'élaboration de ces mesures, et, en général, pour toutes les questions intéressant l'organisation d'ensemble des cours, le commandant d'armes est assisté d'une commission constituée par les chefs des corps de troupe et les directeurs des établissements dans lesquels ces cours peuvent être organisés aux termes de la présente instruction.

Article 6. Les cours de chaque degré commencent dans les premiers jours d'octobre. Ceux du 1er et du 2e degré ont une durée d'au moins huit mois, défalcation faite des interruptions de longue durée, qui pourraient être causées par des séjours dans les camps d'instruction, champs de tir, etc...

Ceux du 3e degré se prolongent jusqu'aux examens oraux d'admission.

Ils comprennent, en principe, trois séances par semaine. Les séances ont lieu en dehors des heures affectées normalement aux instructions et manœuvres.

Dans l'exposé de la leçon, le professeur borne, en principe, ses développements aux points les plus délicats, en renvoyant, pour le reste, les élèves aux ouvrages mis à leur disposition.

A partir du 1er avril, les séances sont, en totalité, consacrées à la revision des matières enseignées dans chaque degré.

Article 7. L'enseignement est dirigé :

Par l'officier supérieur, directeur des écoles régimentaires (1), pour les cours organisés dans un corps de troupe.

En outre, en ce qui concerne les cours communs à plusieurs corps, l'enseignement est placé sous la haute surveillance du

---

(1) Ajouter (le chef du dépôt de matériel du génie ou de télégraphie militaire, le commandant de l'école de chemins de fer).

commandant d'armes (ou de son délégué, dans le cas prévu à l'article 5).

L'enseignement est confié, dans les corps de troupe, à des lieutenants et capitaines qualifiés.

Dans les cours de garnison, il peut être confié, non seulement à des officiers de corps de troupe, mais aussi à des officiers disponibles des états-majors et services.

En principe, pour la préparation aux Ecoles militaires de Saint-Maixent et de Saumur, le nombre des professeurs, pour l'ensemble des trois degrés, est fixé à cinq :

Un professeur de français;
Un professeur d'histoire et de géographie;
Un professeur d'arithmétique, algèbre et trigonométrie;
Un professeur de géométrie et dessin;
Un professeur de mécanique, physique et chimie.

Pour l'Ecole militaire du génie, le professeur de géométrie et dessin pourra être suppléé par un professeur adjoint.

De même, pour les écoles militaires de l'artillerie et du génie et pour la subdivision des chars de combat, le professeur d'arithmétique, trigonométrie et algèbre pourra être suppléé par un professeur adjoint.

Les détachements de l'effectif d'au moins deux unités (compagnies, batteries, etc...) et rattachés à un corps de troupe pour un cours, peuvent être appelés par décision du commandant d'armes à fournir un des capitaines ou lieutenants professeurs du cours.

Cet officier, désigné par le commandant d'armes, sur la proposition du chef de détachement intéressé relève pour l'exécution de son service de professeur, du directeur des écoles régimentaires.

Article 8. La répartition des séances entre les diverses matières est déterminée :

Pour les cours afférents à un seul corps de troupe, par le chef de corps;

Pour les cours communs à plusieurs corps de troupe, par le commandant d'armes.

L'ensemble de répartition qui figure à l'annexe I à la présente instruction est simplement donné à titre d'indication.

Article 9. L'admission au cours du 1er degré est prononcée :

Pour les gradés du corps dans lequel fonctionne le cours, par le chef de corps;

Pour les gradés étrangers au corps, par le commandant d'armes, sur la proposition du chef de détachement ou du chef de service.

Les sous-officiers désignés pour suivre un cours d'un degré quelconque et appartenant à des détachements stationnés dans d'autres places, sont versés à la portion principale de leur corps.

Les sous-officiers admis à un cours ne peuvent le quitter sans autorisation.

La radiation des élèves inscrits pour quelque motif que ce soit, insuffisance, absence prolongée, etc..., est prononcée à une époque quelconque de l'année, par l'autorité qui a décidé l'admission.

Article 10. Chaque année, dans les derniers jours de septembre, il est procédé pour chaque cours du 2e ou du 3e degré, à l'examen des candidats à ces cours, prévu par l'article 1er de la présente instruction. Les corps de troupe et services adressent, à cet effet, en temps utile, au commandant d'armes l'état nominatif des gradés qu'ils proposent pour suivre ces cours. Les gradés provenant de détachements stationnés dans une garnison ne comportant pas de cours du 2e ou du 3e degré sont compris sur cet état. Les examens sont basés sur les programmes des cours du 1er ou du 2e degré.

Ils comportent une composition française, une composition de mathématiques et des interrogations sur toutes les matières du cours.

La commission est présidée :

Si les cours sont afférents à un seul corps de troupe (abstraction faite des détachements d'autres corps), par un lieutenant-colonel, ou, à défaut, par un officier supérieur du corps;

Si les cours sont communs à plusieurs corps, par un officier supérieur désigné par le commandant d'armes.

Dans les deux cas, elle comprend : un capitaine ou assimilé par corps ou service intéressé et les officiers professeurs des cours du 2e ou du 3e degré.

A la suite de l'examen visé ci-dessus, examen qui ne donne lieu à aucun classement et suivant les propositions établies par la commission, les gradés sont admis ou non à suivre les cours du 2e degré ou du 3e degré, ou à redoubler leur année de cours, par le chef de corps ou le commandant d'armes suivant le cas

Article 11. Chaque année, dans les premiers jours de janvier il est procédé, le cas échéant, à l'examen des sous-officiers qui demanderaient à concourir sans avoir suivi, au préalable, les cours du 3e degré.

L'examen est basé sur le programme d'admission aux écoles de sous-officiers. Il comprend : une composition française, une composition de mathématiques et des interrogations sur toutes les matières du programme.

Le résultat de l'examen et l'avis de la commission sont transmis au chef de corps ou de service dont dépend le sous-officier examiné.

Article 12. Les candidats à l'Ecole d'administration militaire peuvent être admis, sur leur demande, à assister aux leçons faites sur une ou plusieurs des matières professées. Ils doivent, dans ce cas, justifier par un examen de la connaissance des matières correspondantes enseignées au cours du 1er ou du 2e degré. L'admission et la radiation des élèves de cette catégorie sont prononcées dans les conditions prévues à l'article 10.

Personnel enseignant.

Article 13. Les officiers professeurs sont choisis, autant que possible, en raison de leurs connaissances générales développées et de leurs aptitudes spéciales qui doivent être faites d'esprit méthodique, de clarté et de précision dans l'exposition, de facilité d'élocution, d'entrain et de dévouement.

Les officiers qui auront été employés aux cours pourront être l'objet de proposition en vue des récompenses suivantes :

Citation à l'ordre du corps d'armée;

Lettre de félicitation du Ministre;

Récompenses et décorations du Ministre de l'instruction publique.

Il sera toujours fait mention dans leurs notes de leur participation au service des écoles régimentaires.

Matériel. — Comptabilité.

Article 14: Le matériel d'étude nécessaire à chaque élève lui est fourni par le corps ou service auquel il appartient.

Quant au matériel d'un service commun à tous les élèves, il est fourni et entretenu au moyen d'un prélèvement fait sur les masses des écoles des corps, au prorata du nombre de leurs élèves, sur la demande du chef de corps dans lequel le cours est organisé.

Les dépenses sont réglées par le corps ou par les dépôts de matériel du génie, de la télégraphie militaire, l'Ecole des chemins de fer, qui poursuit ensuite le remboursement de la quote-part des autres corps ou services.

Dispositions diverses.

Article 15. Les instructions qui règlent actuellement le fonctionnement des écoles régimentaires demeurent en vigueur, sous la réserve des modifications introduites par la présente instruction.

Article 16. En Algérie, en Tunisie, au Maroc, dans les territoires occupés par les troupes françaises, les commandants d'armes et les chefs de corps prendront les dispositions qu'ils jugeront le plus convenables pour assurer l'instruction de leurs candidats en s'inspirant de l'esprit de la présente instruction.

Les commandants des écoles militaires agiront de même vis-à-vis des candidats placés sous leurs ordres.

Les sous-officiers des écoles militaires doivent, chaque fois que cela est possible, suivre un des cours organisés dans la garnison où se trouve l'école.

Dispositions spéciales aux troupes coloniales.

Article 17. Aux colonies, les commandants supérieurs des troupes organiseront, lorsque les circonstances le permettront, les cours de chaque degré en s'inspirant de l'instruction sur la préparation des candidats des troupes coloniales aux écoles de sous-officiers élèves officiers (1).

Dispositions transitoires.

Article 18. L'instruction pour l'admission aux écoles militaires de sous-officiers à partir de 1922 prévoit l'application progressive des nouveaux programmes d'admission aux écoles militaires de sous-officiers qui n'entreront complètement en vigueur qu'en 1925. Il devra donc être tenu compte de ces dispositions dans l'application de la présente instruction.

Toute latitude est laissée aux chefs de corps et commandants d'armes à ce sujet en 1922.

Toutefois, ils devront prendre toutes mesures utiles, pour que le cycle des trois degrés commence à fonctionner en 1923 et atteigne son complet développement en 1925.

---

(1) Rectificatif du 20 février 1922 (*Bulletin officiel*, page 593).

ANNEXE 1

relative au programme d'enseignement, à la répartition des matières entre les cours des trois degrés, à la répartition des séances entre les diverses matières prévues au programme.

Le programme d'enseignement est le programme défini par l'instruction pour l'admission aux écoles militaires de sous-officiers à partir de 1922.

Tableau de répartition des matières et des séances entre les trois degrés.

	1ᵉʳ DEGRÉ	NOMBRE de leçons.	2ᵉ DEGRÉ	NOMBRE de leçons.	3ᵉ DEGRÉ.	NOMBRE de leçons.	TOTAUX par matières.	
Composition française et littérature.	Grammaire, vocabulaire, orthographe, analyse, lectures expliquées (les auteurs du programme). Exercices de composition : descriptions, récits, lettres.	30	Grammaire (*suite*). Lectures expliquées. Exercices de composition : descriptions, récits, lettres, commentaires de maximes et proverbes	10	Lectures. Exercices de composition. Histoire de la littérature française et étrangère (programme).	10	50	
Histoire.	Introduction : formation de la Nation française. La Gaule, les invasions, la féodalité, le pouvoir royal. Histoire succincte de la France de 1610 à 1789.	10	2ᵉ partie du programme, jusqu'à la guerre de 1870 incluse.	15	Fin de la 2ᵉ partie du programme. 3ᵉ partie du programme. Révision.	15	40	Lettres : 130.
Géographie.	Notions de géographie générale. Le monde moins l'Europe et les colonies européennes.	10	Notions générales sur l'Europe. Les États de l'Europe. Les colonies européennes.	15	La France et ses colonies. Révision.	15	40	
Arithmétique.	Programme complet (sauf la partie théorique). Nombres premiers. P. g. c. d. et p. p. c. m. Nombreux exercices, calcul mental.	20	Plus grand commun diviseur, nombres premiers. Plus petit commun multiple. Problèmes sur l'ensemble du cours.	8	Révision.	5	33	183.
Algèbre.	Calcul algébrique, sauf la division des polynômes. Équations du 1ᵉʳ degré à l'inconnue. Problèmes simples.	20	Fin du programme. Problèmes.		Révision.		40	
Trigonométrie.			Programme complet.	12	(Complément d'algèbre pour les écoles de l'artillerie, du génie et des chars de combat.)	8 (5)		Sciences :
Géométrie.	Géométrie plane.	20	Géométrie dans l'espace. Géométrie descriptive.	20	Revision. Problèmes.	8	48	
Mécanique.			Cinématique. Statique. Paragraphes 1 et 2 du programme.	5	Fin de la statique. Révision.	7	12	
Physique.			Pesanteur. Hydrostatique. Statique des gaz.	15	Fin du programme. Révision.	15		
Chimie.			La matière. L'air. Le carbone. L'eau. L'azote.		Fin du programme. Révision.			
Dessin.			Représentation géométrale de solides géométriques. (Pour l'école du génie, dessins géométriques en plus.)	10 (10)	Représentation géométrale d'objets usuels. (Pour l'école du génie : dessins géométriques, épures de géométrie cotée, en plus.)	10 (15)	20	
TOTAUX par degrés : 1ᵉʳ degré 110			2ᵉ degré .... 110 Ecole du génie 120		3ᵉ degré .... 93 Ecole de l'artillerie, du génie et chars de combat .... 98 Ecole du génie 113			

ANNEXE 2.

La liste des ouvrages qui peuvent être utilisés pour la préparation des candidats aux écoles de sous-officiers élèves officiers sera publiée ultérieurement.

*Circulaire relative à la préparation des sous-officiers des batail-
lons d'ouvriers et du groupe de repérage candidats à l'Ecole
militaire de l'artillerie.*

Paris, le 15 février 1922.

Les sous-officiers d'artillerie candidats à l'Ecole militaire de
l'artillerie (division de l'artillerie ou division du train des équipages militaires), appartenant aux bataillons d'ouvriers et au
groupe de repérage, suivront dans les conditions prévues par
l'instruction n° 549 10/11 D en date du 25 janvier 1922 sur la préparation des candidats des troupes métropolitaines, aux écoles
de sous-officiers élèves officiers (voir page 115), les cours du
1ᵉʳ et du 2ᵉ degré.

Ils devront accomplir dans l'artillerie de campagne, l'artillerie lourde, l'artillerie à pied ou l'artillerie de défense contre aéronefs, un stage d'un an à partir du 1ᵉʳ octobre de l'année qui précède celle où ils sont susceptibles d'être proposés pour subir les
examens d'admission à l'Ecole militaire de l'artillerie.

Les chefs de corps intéressés devront adresser chaque année,
pour le 15 juillet, au général commandant le corps d'armée, des
propositions pour l'application de cette mesure. La liste des
sous-officiers proposés devra parvenir au Ministre (3ᵉ Direction;
Cabinet du Directeur; 2ᵉ Section), pour le 15 août au plus tard.

Les sous-officiers stagiaires seront réunis dans un ou plusieurs
régiments d'artillerie du corps d'armée auquel ils appartiennent,
pour y recevoir l'instruction théorique et pratique des sous-officiers d'artillerie.

Ils suivront les cours du 3ᵉ degré dans la garnison où ils seront envoyés, à moins qu'ils ne demandent à concourir sans suivre ces cours.

Ils seront détachés de leurs corps et n'y seront pas remplacés;
les maréchaux des logis chefs devront, avant de le quitter, être
replacés par rétrogradation volontaire dans l'emploi de maréchal
des logis.

La désignation des candidats autorisés à accomplir un stage
ne deviendra définitive que si, *avant de quitter leur corps*, ils
remplissent les conditions suivantes :

1° Avoir été reconnus aptes à suivre les cours du 3ᵉ degré, ou,
pour ceux qui auront demandé à concourir sans suivre ces cours,
avoir subi avec succès, *au mois de septembre*, l'examen prévu
à l'article 11 de l'instruction du 25 janvier 1922 susvisée;

Elèves officiers. 5

2° Avoir obtenu le certificat d'aptitude à l'emploi de chef de section et le certificat attestant qu'ils ont exercé pendant quatre mois les fonctions de sous-officier comptable.

Le stage sera terminé *le 1ᵉʳ octobre* pour tous les candidats, admis ou non à l'Ecole militaire de l'artillerie. Les sous-officiers non admis seront renvoyés à leur corps à cette date.

Toutefois, ceux qui auront été empêchés de prendre part au concours, *pour raison de santé*, pourront être autorisés à renouveler leur stage.

Sous cette réserve, les sous-officiers qui auront été détachés dans un régiment d'artillerie pendant un an, ne seront pas admis à accomplir un deuxième stage.

Exceptionnellement, ils pourront, sur leur demande, être classés définitivement dans un régiment d'artillerie et remplacés à leur corps.

Les *mémoires de proposition* des sous-officiers stagiaires devront être établis par les régiments où ils seront détachés.

A cet effet, les chefs de corps de ces sous-officiers adresseront, dès le 1ᵉʳ octobre, aux commandants des régiments où ils accompliront leur stage, tous les renseignements nécessaires.

Ils y joindront, pour chaque candidat, une feuille de notes établie dans la forme indiquée par le modèle n° 1 de l'instruction du 13 janvier 1922 pour l'admission dans les écoles de sous-officiers élèves officiers (Saint-Maixent, Saumur, Fontainebleau, Versailles) et l'Ecole d'administration militaire de Vincennes à partir de 1922 (voir page 50, 1ᵉʳ alinéa, notes du chef de corps). Cette feuille sera annexée au mémoire de proposition du candidat.

Instruction sur la préparation des candidats des troupes coloniales aux écoles de sous-officiers élèves officiers (1).

Paris, le 22 février 1922.

DISPOSITIONS GÉNÉRALES.

Article 1ᵉʳ. La préparation des candidats aux écoles de sous-officiers élèves officiers est assurée au moyen de cours à trois degrés.

Le cours du 1ᵉʳ degré est destiné aux gradés ayant au moins six mois de service et susceptibles de concourir par la suite pour l'admission aux écoles de sous-officiers.

Le cours du 2° degré est réservé aux gradés ayant justifié, par

---

(1) Mise à jour par l'incorporation dans le texte des rectificatifs des 15 mars, 5 avril, 15 juillet 1922, et 14 et 27 décembre 1923.

un examen, de la connaissance de toutes les matières enseignées au cours du premier degré (voir article 10).

Le cours du 3e degré est réservé aux sous-officiers ayant au moins une année de grade et ayant justifié, par un examen, de la connaissance de toutes les matières enseignées au cours du 2e degré.

Les candidats ayant déjà fait des études sérieuses pourront être admis, après vérification de leurs connaissances, soit à entrer directement au cours du 2e degré, soit à entrer directement au cours du 3e degré, soit à se présenter directement aux concours d'admission.

Le cycle complet des trois degrés ne s'adressera qu'aux jeunes gens doués de qualités intellectuelles suffisantes, mais n'ayant pas pu compléter leurs études pour des empêchements quelconques.

PROGRAMME D'ENSEIGNEMENT.

Article 2. Les matières à enseigner sont celles des programmes de l'instruction pour l'admission aux écoles de sous-officiers élèves officiers.

Le cours du 1er degré comporte surtout un débourrage sérieux des élèves en français, arithmétique, algèbre et géométrie plane.

Les cours du 2e degré comprennent l'étude de l'histoire et de la géographie; achèvent les programmes d'arithmétique, algèbre, trigonométrie et géométrie; commencent ceux de mécanique, physique, chimie et dessin.

Le cours du 3e degré, en dehors de l'achèvement des programmes, comprend, dans chaque matière, un nombre important de leçons de révision.

Le programme général d'enseignement, ainsi que sa répartition entre les trois degrés de cours, font l'objet de l'annexe I à la présente instruction.

ORGANISATION DES COURS.

Article 3. Les cours sont communs à l'artillerie et à l'infanterie et aux sections annexes (1).

---

(1) En ce qui concerne la participation aux cours des 1er et 2e degrés, les militaires des sections annexes suivent le sort des militaires de l'infanterie ou de l'artillerie coloniale en service dans la même garnison qu'eux. Leur affectation à la garnison où fonctionne le cours sera prononcée par le général commandant le corps d'armée colonial. Les militaires des sections annexes admis au cours du 3e degré sont réunis à Toulon, comme il est dit à l'article 5.

Article 4. *Cours des 1er et 2e degrés.* — 1° il est organisé un cours des 1er et 2e degrés (1) :

a) A *Brest*, au 2e régiment d'infanterie coloniale, pour les gradés des 1er, 2e régiments d'infanterie coloniale et 41e régiment de tirailleurs coloniaux;

b) A *Rochefort*, au 3e régiment d'infanterie coloniale, pour les gradés du 3e régiment d'infanterie coloniale, des 14e et 16e régiments de tirailleurs coloniaux;

c) A *Marseille*, au 22e régiment d'infanterie coloniale, pour les gradés du 22e régiment d'infanterie coloniale, des 12e et 24e régiments de tirailleurs coloniaux et du bataillon du 8e régiment de tirailleurs coloniaux détaché à Marseille;

d) A *Toulon*, au 8e régiment de tirailleurs coloniaux, pour les gradés des 4e et 8e régiments de tirailleurs coloniaux, des 43e et 52e bataillons de chasseurs mitrailleurs indigènes coloniaux, du 73e bataillon et du 38e régiment d'artillerie coloniale;

e) A *Paris*, au 21e régiment d'infanterie coloniale (1), pour les gradés des unités coloniales stationnées dans le gouvernement militaire de Paris (21e, 23e régiments d'infanterie coloniale, 310e régiment d'artillerie coloniale (1) et des 41e, 51e et 42e bataillons de chasseurs mitrailleurs indigènes coloniaux;

f) A *Lorient*, au 3e régiment d'artillerie coloniale, pour les gradés de ce régiment et du 58e régiment d'artillerie coloniale;

g) A *Strasbourg*, pour les gradés des 44e, 45e, 53e et 54e bataillons de chasseurs mitrailleurs indigènes coloniaux.

Ces gradés suivent à Strasbourg les cours existant pour les gradés des troupes métropolitaines, dans les conditions déterminées par l'instruction du 25 janvier 1922, d'entente entre le commandant de la 13e demi-brigade et le commandant d'armes ou son délégué;

h) A *Lyon*, les gradés du 5e colonial. Ces gradés suivent à Lyon, les cours existant pour les troupes métropolitaines, dans les conditions établies d'entente entre le commandant du 5e colonial et le commandant d'armes;

2° Les gradés provenant des corps étrangers à la garnison où

---

(1) Ou à un autre régiment colonial du gouvernement militaire de Paris si le général commandant le corps d'armée colonial le juge préférable, et à charge d'en rendre compte. Texte nouveau de l'article 4. (Rectificatif du 14 décembre 1923, *Bulletin officiel,* page 3862.)

s'effectuent les cours du 1ᵉʳ et 2ᵉ degrés reçoivent l'affectation suivante :

Gradés des 1ᵉʳ et 41ᵉ régiments : au 2ᵉ régiment.

Gradés des 14ᵉ et 16ᵉ régiments : au 3ᵉ régiment.

Gradés des 24ᵉ et 12ᵉ régiments : au 22ᵉ régiment.

Gradés des 43ᵉ et 52ᵉ bataillons de chasseurs mitrailleurs indigènes coloniaux : au 4ᵉ régiment.

Gradés du 73ᵉ bataillon : au 8ᵉ régiment.

Gradés des 41ᵉ, 42ᵉ et 51ᵉ bataillons de chasseurs mitrailleurs indigènes coloniaux : au 21ᵉ régiment.

Gradés des 45ᵉ, 53ᵉ et 54ᵉ bataillons de chasseurs mitrailleurs coloniaux : au 44ᵉ bataillon.

Gradés du 58ᵉ régiment d'artillerie coloniale : au 111ᵉ régiment.

Gradés des 45ᵉ, 53ᵉ et 54ᵉ bataillons de mitrailleurs indigènes coloniaux, au 44ᵉ bataillon;

Gradés du 1ᵉʳ régiment d'artillerie coloniale, au 2ᵉ régiment d'artillerie coloniale.

3° L'organisation des cours est arrêtée par les généraux commandant l'infanterie ou l'artillerie divisionnaire dont dépendent les régiments où fonctionnent ces cours.

Toutefois, à Strasbourg, où les gradés coloniaux suivent les cours existant pour les gradés des troupes métropolitaines, l'organisation des cours a lieu dans les conditions déterminées par l'instruction du 25 janvier 1922, après entente entre le commandant de la 13ᵉ demi-brigade et le commandant d'armes ou son délégué.

Sont à déterminer, en particulier, le nombre de cours de chaque degré à organiser; la répartition des séances entre les matières à enseigner; les heures des séances, de manière qu'elles aient lieu en dehors des périodes de la journée consacrées normalement aux instructions et manœuvres; le choix des officiers professeurs, de manière à répartir, autant que possible, les charges sur l'ensemble des corps auxquels appartiennent les élèves (1).

4° L'enseignement est dirigé par l'officier supérieur directeur des écoles régimentaires.

Il est confié à des lieutenants ou à des capitaines qualifiés des corps de troupe, des services et des états-majors.

---

(1) Pour l'année 1923-1924, les gradés du 310ᵉ régiment d'artillerie coloniale suivront, exceptionnellement, les cours organisés dans ce régiment

Dans les cours communs aux gradés de l'infanterie et de l'artillerie coloniales, un officier d'artillerie au moins fait toujours partie du personnel enseignant.

En principe, le nombre des professeurs est fixé à trois :

Un professeur de français, d'histoire et de géographie;

Un professeur d'arithmétique, d'algèbre, de trigonométrie, de géométrie et de dessin;

Un professeur de mécanique, physique et chimie.

A *Lorient*, *Toulon* et *Paris*, le professeur d'arithmétique, algèbre, trigonométrie, etc., sera suppléé par un officier adjoint.

5° L'admission au cours du 1er degré est prononcée par le chef de corps.

L'admission au cours du 2e degré est prononcée par l'autorité chargée de l'organisation des cours.

Cette même autorité statue également, à une époque quelconque de l'année, sur la radiation des élèves; ceux-ci sont reversés sans délai dans leur corps d'origine.

6° L'admission au cours des 1er et 2e degrés n'entraîne, en aucun cas, l'exemption du service colonial.

Article 5. *Cours du 3e degré.* — 1° Tous les sous-officiers coloniaux autorisés à suivre les cours du 3e degré sont réunis à Toulon, au 4e régiment d'infanterie coloniale pour l'infanterie coloniale et les sections annexes, au 10e régiment d'artillerie coloniale pour l'artillerie coloniale.

Les cours du 3e degré, communs aux sous-officiers d'infanterie coloniale et d'artillerie coloniale, sont organisés, dirigés et contrôlés par le général commandant la 2e division d'infanterie coloniale.

2° Les professeurs des cours du 3e degré désignés par le Ministre et distraits pour deux ans du tour de départ colonial sont au nombre de six :

Un officier supérieur, lieutenant-colonel ou chef de bataillon, directeur du cours;

Un professeur de français;

Un professeur d'histoire et de géographie;

Un professeur d'arithmétique, d'algèbre et de trigonométrie;

Un professeur de géométrie et de dessin;

Un professeur de mécanique, physique et chimie.

Deux de ces professeurs sont des officiers d'artillerie.

3° Les sous-officiers admis à suivre les cours du 3e degré de Toulon doivent se trouver dans les conditions fixées par les instructions en vigueur pour pouvoir concourir, en fin de cours, pour l'admission aux écoles de sous-officiers élèves officiers.

Article 6. *Dispositions communes aux cours des trois degrés.* — 1° Les cours de chaque degré commencent, en principe, dans les premiers jours d'octobre. Ceux du 1er et du 2e degré ont une durée de huit mois, défalcation faite des interruptions de longue durée qui pourraient être causées par des séjours dans les camps d'instruction, champs de tir, etc...; ceux du 3e degré se prolongent jusqu'aux examens oraux d'admission.

Ils comprennent, en principe, trois séances par semaine.

Dans l'exposé de la leçon, le professeur borne ses développements aux points les plus délicats en renvoyant, pour le reste, les élèves aux ouvrages mis à leur disposition.

A partir du 1er avril les séances sont, en totalité, consacrées à la revision des matières enseignées dans chaque degré.

2° Chaque année, dans les *premiers* jours de septembre (1), il est procédé, pour l'admission aux cours du 2e ou du 3e degré, à l'examen des candidats à ces cours prévu par l'article 1er de la présente instruction. Les corps de troupe et services adressent, à cet effet, en temps utile, aux autorités devant prononcer l'admission, l'état nominatif des gradés qu'ils proposent pour suivre ces cours.

Les examens sont basés sur les programmes des cours des 1er et 2e degrés.

Ils comportent une composition française, une composition de mathématiques et des interrogations sur toutes les matières des cours.

La commission d'examen d'admission au 2e degré est présidée par un officier supérieur désigné par le général de brigade; elle comprend les officiers professeurs des cours du 2e degré.

Les compositions écrites des gradés susceptibles de suivre les cours du 3e degré sont envoyées au directeur du cours du 3e degré, à Toulon, qui les fait examiner par les officiers professeurs du cours.

L'examen oral est subi, après retour des compositions écrites, devant une commission régimentaire désignée par le général de brigade et composée en partie d'officiers professeurs.

A la suite des examens visés ci-dessus, examens qui ne donnent lieu à aucun classement, et suivant les propositions établies

---

(1) Texte nouveau. (Rectificatif du 5 avril 1922, *Bulletin officiel*, page 1136.)

par la commission, les gradés sont admis ou non à suivre les cours du 2ᵉ ou du 3ᵉ degré.

Article 7. Chaque année, dans les premiers jours de janvier, il est procédé à Toulon, le cas échéant, par une commission désignée par le général commandant la 2ᵉ division d'infanterie coloniale et composée d'officiers professeurs du cours du 3ᵉ degré, à l'examen des sous-officiers qui demanderaient à concourir pour l'admission aux écoles, sans avoir subi, au préalable, les cours du 3ᵉ degré.

L'examen est basé sur le programme d'admission aux écoles de sous-officiers. Il comprend : une composition française, une composition de mathématiques et des interrogations sur toutes les matières du programme.

Le résultat de l'examen et l'avis de la commission sont transmis au chef de corps ou de service dont dépend le sous-officier examiné.

PERSONNEL ENSEIGNANT.

Article 8. Les officiers professeurs sont choisis, autant que possible, en raison de leurs connaissances générales développées et de leurs aptitudes spéciales qui doivent être faites d'esprit méthodique, de clarté et de précision dans l'exposition, de facilité d'élocution, d'entrain et de dévouement.

Les officiers qui auront été employés aux cours pourront être l'objet de proposition en vue des récompenses suivantes :

Citation à l'ordre du corps d'armée;

Lettre de félicitation du Ministre;

Récompenses et décorations du Ministre de l'instruction publique.

Il sera toujours fait mention, dans leurs notes, de leur participation au service des écoles régimentaires.

MATÉRIEL. — COMPTABILITÉ (1).

Article 9. Le matériel d'étude nécessaire à chaque élève et le matériel d'un service commun à tous les élèves sont fournis et entretenus.

a) *Pour les cours des 1ᵉʳ et 2ᵉ degrés* : au moyen d'un prélèvement fait sur les masses des écoles des corps d'origine des élèves, au prorata du nombre de leurs élèves, sur la demande du chef du corps dans lequel le cours est organisé.

---

(1) Texte nouveau. (Rectificatif du 27 décembre 1923, *Bulletin officiel*, page 3780.)

b) *Pour les cours du 3e degré :* au moyen d'un prélèvement *uniforme* fait sur la masse des écoles de tous les corps coloniaux de la métropole.

La valeur de ce prélèvement est fixée par le général commandant le corps d'armée des troupes coloniales, sur proposition du chef du corps dans lequel ce cours est organisé (4e régiment de tirailleurs coloniaux).

En ce qui concerne les bataillons de chasseurs mitrailleurs indigènes coloniaux, ce prélèvement est égal à la moitié de celui des régiments.

Les dépenses sont réglées par les corps dans lesquels les cours sont organisés, et ceux-ci poursuivent ensuite le remboursement de la quote-part des autres corps ou services.

DISPOSITIONS DIVERSES.

Article 10. Les instructions qui règlent actuellement le fonctionnement des écoles régimentaires demeurent en vigueur sous la réserve des modifications introduites par la présente instruction.

Article 11. Dans les corps de troupe stationnés en Algérie-Tunisie, les chefs de corps prendront les dispositions qu'ils jugeront le plus convenables pour assurer l'instruction de leurs candidats en s'inspirant de l'esprit de la présente instruction.

Article 12. Aux colonies, sur les théâtres d'opérations extérieurs et à l'armée française du Rhin, les commandants supérieurs des troupes et les commandants en chef organiseront, lorsque les circonstances le permettront, le cours de chaque degré en s'inspirant de l'esprit de la présente instruction.

DISPOSITIONS TRANSITOIRES.

Article 13. L'instruction pour l'admission aux écoles militaires de sous-officiers à partir de 1922 prévoit l'application progressive des nouveaux programmes d'admission aux écoles militaires de sous-officiers qui n'entreront complètement en vigueur qu'en 1925. Il devra donc être tenu compte de ces dispositions dans l'application de la présente instruction.

Toute latitude est laissée au général commandant le corps d'armée colonial et aux autorités visées aux articles 11 et 12 ci-dessus, à ce sujet, en 1922.

Toutefois, toutes mesures devront être prises pour que le cycle des trois degrés commence à fonctionner en 1923 et atteigne son complet développement en 1925.

ANNEXE I

relative au programme d'enseignement, à la répartition des matières entre les cours des trois degrés, à la répartition des séances entre les diverses matières prévues au programme.

Le programme d'enseignement est le programme défini par l'instruction pour l'admission aux écoles militaires de sous-officiers à partir de 1922.

ANNEXE II.

La liste des ouvrages qui peuvent être utilisés pour la préparation des candidats aux écoles de sous-officiers élèves officiers sera publiée ultérieurement.

Additif et rectificatif à l'instruction du 13 janvier 1922 (voir page 3) pour l'admission dans les écoles de sous-officiers élèves officiers (Saint-Maixent, Saumur, Poitiers, Versailles) et l'Ecole d'administration militaire de Vincennes à partir de 1922. (Etat-Major de l'Armée; Bureau des Ecoles.)

Paris, le 1er mars 1922.

1° ADDITION.

Par modification aux prescriptions de l'instruction du 13 janvier 1922, pour l'admission dans les écoles de sous-officiers élèves officiers, les candidats appartenant aux unités de défense contre aéronefs concourront normalement au titre de l'Ecole militaire de l'artillerie (division de l'artillerie métropolitaine) d'après les coefficients et les programmes spéciaux à cette Ecole.

Ils seront classés, tant pour l'admissibilité que pour l'admission, avec les candidats des autres subdivisions d'armes de l'artillerie. Ceux qui seront admis suivront les cours de l'Ecole militaire d'artillerie (division de l'artillerie métropolitaine).

De même, les candidats, au titre de l'Ecole d'administration militaire de Vincennes, provenant de la défense contre aéronefs, se présenteront normalement à la section B (artillerie métropolitaine) d'après les coefficients et programmes spéciaux de cette subdivision d'école et seront classés, suivant leur spécialité, concurremment avec les autres candidats.

Les dispositions précédentes laissent aux candidats de la défense contre aéronefs, comme à tous les candidats, la possibilité de poser leur candidature pour toutes les écoles. et subdivisions d'écoles de l'armée métropolitaine, dans les conditions fixées par l'article 1er de l'instruction du 13 janvier 1922.

TABLE DES MATIÈRES.

I.

Instruction pour l'admission dans les écoles de sous-officiers élèves officiers (Saint-Maixent, Saumur, Fontainebleau, Versailles) et l'Ecole d'administration militaire de Vincennes à partir de 1922.

Pages.

Institution des écoles... 3

Titre Iᵉʳ. — *Dispositions générales.*

Conditions d'admission au concours................................ 4
Inscription et instruction des demandes........................... 7

Titre II. — *Concours.*

Examen écrit.. 10
  A) Centres d'examens... 10
  B) Nature des compositions.................................... 11
  C) Dates des épreuves écrites.................................. 12
  D) Organisation des épreuves. Convocation des candidats... 13
  E) Exécution des épreuves...................................... 14
  F) Dispositions spéciales à la Corse, l'Algérie, la Tunisie, le
    Maroc, l'Orient, le Levant, territoires à plébiscite, etc.... 17

Examen oral d'instruction générale................................ 18
  A) Centres d'examens... 18
  B) Nature des épreuves... 19
  C) Exécution des épreuves orales d'instruction générale...... 19

Examen d'instruction militaire et examen professionnel........... 24
  A) Centre d'examen... 24
  B) Nature des épreuves... 24
  C) Exécution des épreuves...................................... 24
  D) Dispositions communes aux épreuves orales d'instruction
    générale et d'instruction militaire.......................... 27

Titre III.

Coefficients, majorations... 27
  A) Echelle de notation, cote d'ensemble........................ 27
  B) Coefficients... 28
  C) Majorations... 28

Pages.

TITRE IV. — *Classement.*

Numérotage des compositions... 30
Correction des compositions.. 31
Etablissement des listes d'admissibilité................................ 32
Etablissement des listes d'admission................................... 33

TITRE V. — *Dispositions spéciales à l'armée coloniale et aux candidats de l'armée métropolitaine, détachés aux colonies et dans les T. O. E.*

A. — Dispense de tour de départ ou de service colonial............. 34
B. — Exécution des épreuves écrites en Indo-Chine, en Afrique orientale, en Afrique occidentale et en Afrique équatoriale............... 35
C. — Dispositions particulières aux candidats provenant des autres colonies... 37

TITRE VII. — *Dispositions particulières aux candidats de l'aéronautique.*... 37

TABLEAU N° I. — Centres de compositions écrites...................... 38
TABLEAU N° II. — Coefficients... 40

MODÈLES................ 55

ANNEXES.

N° 1. Programmes des concours 1922 et 1923, pour les écoles militaires d'infanterie, de cavalerie, d'artillerie et du génie; du concours de 1922 et années suivantes, pour l'Ecole d'administration militaire. 72
Programme des connaissances militaires à exiger des candidats aux écoles militaires d'infanterie, de cavalerie, d'artillerie et du génie aux concours de 1922 et années suivantes..................... 97
N° 2. Programme du concours de 1924, pour les écoles militaires d'infanterie, de cavalerie, d'artillerie et du génie..................... 110
Programme du concours de 1925 pour les écoles militaires d'infanterie, de cavalerie, d'artillerie et du génie........................... 113

II

Instruction sur la préparation des candidats des troupes métropolitaines aux écoles de sous-officiers élèves officiers.

Dispositions générales... 115
Programme d'enseignement.. 116
Organisation des cours... 116
Personnel enseignant... 121
Matériel, comptabilité... 121
Dispositions diverses.. 122
Dispositions spéciales aux troupes coloniales.......................... 122
Dispositions transitoires.. 122

ANNEXE 1 relative au programme d'enseignement, à la répartition des matières entre les cours des trois degrés, à la répartition des séances entre les diverses matières prévues au programme........... 123

ANNEXE. LISTE des ouvrages qui peuvent être utilisés pour la préparation des candidats.. 126

ages.

Circulaire relative à la préparation des sous-officiers des bataillons
d'ouvriers et du groupe de repérage candidats à l'Ecole militaire de l'artillerie.. 127

Instruction sur la préparation des candidats des troupes coloniales aux Ecoles de sous-officiers élèves officiers.

Dispositions générales. 128
Programme d'enseignement. 129
Organisation des cours................................. 129
Personnel enseignant. 134
Matériel, comptabilité. 134
Dispositions diverses. 135
Dispositions transitoires. 135

Annexe n° 1 relative au programme d'enseignement, à la répartition des matières entre les cours des trois degrés, à la répartition des séances entre les diverses matières prévues au programme. 136

Annexe II. — Liste des ouvrages qui peuvent être utilisés pour la préparation des candidats aux écoles de sous-officiers élèves officiers. 136
Additif et rectificatif à l'instruction du 13 janvier 1922......... 136

TABLE CHRONOLOGIQUE.

Pages.

1922. 13 janv. Instruction pour l'admission dans les écoles de sous-officiers, élèves officiers (Saint-Maixent, Saumur, Poitiers, Versailles et l'école d'administration militaire de Vincennes) à partir de 1922 3

1922. 25 janv. Instruction sur la préparation des candidats des troupes métropolitaines aux écoles de sous-officiers élèves officiers 115

1922. 15 févr. Circulaire relative à la préparation des sous-officiers des bataillons d'ouvriers et du groupe de repérage candidats à l'école militaire de l'artillerie. 127

1922. 20 févr. Rectificatif à l'instruction du 25 janvier 1922.... 3, 122

1922. 22 févr. Instruction sur la préparation des candidats des troupes coloniales aux écoles de sous-officiers élèves officiers. 128

1922. 1ᵉʳ mars. Addition et rectificatif à l'instruction du 13 janvier 1922. 3

1922. 11 mars. Rectificatif à l'instruction du 13 janvier 1922..... 3, 31

1922. 5 avril. Rectificatif à l'instruction du 13 janvier 1922...... 3, 128

1922. 5 avril. Rectificatif à l'instruction du 22 février 1922........ 133

1922. 3 mai. Rectificatif à l'instruction du 13 janvier 1922...... 3, 29

1923. 15 janv. Rectificatif à l'instruction du 13 janvier 1922...... 3, 22

1923. 15 nov. Rectificatif à l'instruction du 13 janvier 1922
3, 36, 65, 107

1923. 14 déc. Rectificatif à l'article 4 de l'instruction du 22 février 1922. 128

1923. 27 déc. Rectificatif à l'instruction du 22 février 1922....... 134

1924. 11 janv. Rectificatif à l'instruction du 13 janvier 1922........ 102

1924. 8 févr. Rectificatif au tableau n° 1 annexé à l'instruction du 13 janvier 1922. .... 3, 38

1924. 15 févr. Additif à l'instruction du 13 janvier 1924............ 34

1924. 12 févr. Additif à l'instruction du 13 janvier 1924............ 29

1925. 31 mars. Additif au rectificatif du 15 janvier 1923............ 47

1925. 24 avril. Rectificatif à l'additif du 31 mars 1925............ 47

LANGUE ANGLAISE

Lieutenant GONDRY, professeur d'anglais à l'Ecole d'artillerie de Fontainebleau. — French and English Artillery technical vocabulary. In-8° de 134 pages, cartonné. . . . .   6 »

Commandant ASSOLLANT, ancien professeur à l'Ecole de guerre. — Vocabulaire militaire anglais-français. (5e édition.) In-8° de 82 pages. . . . .   3 »

Commandant ASSOLLANT, ancien professeur à l'Ecole de guerre. — Versions anglaises, tirées de textes militaires, avec la traduction et des notes explicatives et grammaticales. In-8° de 88 pages, cartonné. 4 50

AVIATION. — AUTOMOBILISME

André LAINÉ, pilote aviateur, instructeur technique. — Dictionnaire de l'aviation, préface de **M. Paul PAINLEVÉ,** membre de l'Institut, ancien président du conseil. Volume in-18 élégamment relié toile, de 412 pages. . . . .   10 »

Marcel ASTRUC, ingénieur des arts et manufactures. — L'automobile à la portée de tous, technique, théorique et pratique :
   TOME I (cours fondamental). In-12 de 336 p., 156 figures, relié toile.   9 »
   TOME II (cours supérieur). In-12 de 335 p., avec 60 figures, relié toile.   9 »

Cours de l'Ecole Hanriot des mécaniciens spécialistes de l'aéronautique autorisé par le ministère de la guerre. — Manuel du breveté mécanicien :
   a) **Notions théoriques sur le moteur.** In-12 de 352 pages, 179 figures. .   12 »
   b) **Théorie élémentaire de l'avion.** In-12 de 184 pages, 125 figures. .   6 ».
   c) **Cours de technologie.** In-12 de 468 pages, avec 447 figures. . . . .   15 »

Marcel ASTRUC, ingénieur des arts et manufactures. — Formulia. Notions de sept sciences fondamentales à la portée de tous. Volume in-8° de 380 pages, nombreuses gravures, relié toile souple. . . . .   9 »

Le Petit Livre sur l'Automobilisme à la portée de tout le monde. Explications simples, assimilation facile. In-18 de 170 p., avec 29 figures (15e édition).   4 »

Manuel élémentaire du chauffeur et du candidat chauffeur. Manuel par questions et réponses des notions exigées pour l'obtention du brevet de conduite militaire. In-8° de 96 pages, avec figures (2e édition, 1924). . . . .   2 »

ÉDUCATION PHYSIQUE ET ESCRIME

Guide pratique d'éducation physique. Jeunes classes. Préparation au service militaire. Services auxiliaires, etc. Approuvé le 14 octobre 1916, 108 p.   1 50

Projet de règlement général d'éducation physique :
   1re PARTIE. — Education physique élémentaire (enfance). Approuvé par le Ministre de l'instruction publique et des beaux-arts. Edition mise à jour au 1er juillet 1919 64 pages. 1 50
   2e PARTIE. — Education physique secondaire (jeunes gens de 13 à 18 ans). Approuvé par le Ministre de l'instruction publique et des beaux-arts. 48 pages. . . . .   1 »
   2e PARTIE bis. — Education physique secondaire (jeunes filles de 13 à 18 ans). Approuvé par le Ministre de l'instruction publique et des beaux-arts. 72 pages. . . . .   2 »
   3e PARTIE. — Education physique supérieure (sportive et athlétique) (hommes de 18 à 30 ou 35 ans). 288 pages. 3 50
   4e PARTIE. — Les adaptations professionnelles. — Titre 1er : Education et instruction physiques militaires. Brochure in-12 de 96 pages. 1 75
   Titre II. Rééducation physique militaire. 48 pages. . . . .   1 »
   ANNEXES. — Instruction sur le rôle du médecin dans l'éducation et la rééducation physique. 88 pages. 2 50

Ministère de la guerre. — Entraînement au combat à la baïonnette et corps à corps. Brochure in-12 de 24 pages. . . . .   1 »

Règlement d'escrime (fleuret, épée, sabre), approuvé par le Ministre de la guerre le 6 mars 1908. 104 pages, 62 figures. 1 50

ÉDUCATION MORALE

Lieutenant Raymond PEYRONNET, licencié en droit. — Dix leçons de morale, à l'usage des sous-officiers candidats aux écoles de sous-officiers élèves officiers. In-18 de 196 pages, broché. 4 50

ARITHMÉTIQUE — ALGÈBRE — TRIGONOMÉTRIE ET MÉCANIQUE

L. BOUTILLIER, professeur agrégé au lycée Condorcet. — Arithmétique. Ouvrage destiné aux élèves sous-officiers candidats aux écoles militaires d'infanterie, de cavalerie, d'artillerie et du génie (écrit et oral). In-8° de 220 pages, broché. .... 6 »

L. GUYON, professeur à l'École militaire de l'artillerie et du génie. — Exercices d'arithmétique. Problèmes et questions de théorie avec leurs solutions ou démonstrations, à l'usage des candidats aux écoles de sous-officiers aspirants. In-18 de 500 pages, broché... 7 50
Ouvrage recommandé aux candidats aux écoles de sous-officiers. (B. O. n° 10, 6 mars 1922, page 559).

L. BOUTILLIER, professeur agrégé au lycée Condorcet. — Cours d'algèbre. Ouvrage comprenant le programme commun à toutes les écoles militaires, et les compléments d'algèbre, destinés aux candidats aux écoles d'artillerie, du génie et de l'École militaire d'infanterie (subdivision des chars de combat) (écrit et oral). .... **En préparation**

L. GUYON, professeur à l'École militaire préparatoire de l'artillerie et du génie. — Exercices d'algèbre avec leurs solutions. Complément des cours d'algèbre rédigés conformément aux programmes des écoles primaires supérieures du 26 juillet 1909 à l'usage des candidats aux écoles de sous-officiers aspirants. In-18 de 330 pages, broché... 7 50
Ouvrage recommandé aux candidats aux écoles de sous-officiers (B. O. n° 10, 6 mars 1922, page 559)

L. BOUTILLIER, professeur agrégé au lycée Condorcet. — Trigonométrie et mécanique. Ouvrage conforme aux programmes de 1924 et 1925, à l'usage des candidats aux écoles militaires d'infanterie, de cavalerie, d'artillerie et du génie (oral). .... **En préparation**

GÉOMÉTRIE ET TOPOGRAPHIE

MARCEL ASTRUC, ingénieur E. C. P. et A. M. — Géométrie mixte, comprenant géométrie pure, géométrie descriptive, géométrie cotée, compléments de géométrie. Manuel conforme aux programmes d'examens des élèves officiers. In-18 de 646 pages, 394 figures. .... 20 »

Capitaine AGUILLOU. — Problèmes de géométrie élémentaire à l'usage des candidats aux écoles de sous-officiers élèves officiers. In-18 de 120 pages, avec 82 figures. .... 8 »

Commandant ESPÉRANDIEU, ex-professeur de topographie à l'École militaire d'infanterie. — Guide pratique pour la lecture et l'emploi de la carte d'état-major. In-18 de 54 pages, avec 5 planches et 60 figures, broché. ...... 2 »

Commandant ESPÉRANDIEU, ex-professeur de topographie à l'École militaire d'infanterie. — Cartes étrangères. Notions et signes conventionnels. In-8° de 140 pages, broché. .... 6 »

Capitaine H. SEIGNOBOSC. — Cours de topographie générale à l'usage des officiers et des sous-officiers de toutes armes. In-18 de 392 pages, avec 231 figures et 2 planches... **En réimpression**

Capitaine SEIGNOBOSC, officier de l'instruction publique. — Cours de topographie élémentaire (8e édition, 1923). In-12 de 100 pages, avec 96 figures dans le texte. 2-50

PHYSIQUE ET CHIMIE

P. REVOY, agrégé des sciences physiques, professeur au lycée Condorcet à Paris. — Cours de physique, rédigé conformément au programme officiel de 1922 à l'usage des candidats aux écoles de sous-officiers élèves officiers. In-18 de 402 pages, avec 214 figures. .... 12 »

G. THIBAULT-LAURENT, sous-intendant militaire, diplômé du Certificat d'études physiques, chimiques et naturelles, licencié en droit, docteur en médecine. — Cours de chimie, à l'usage des sous-officiers candidats aux écoles d'élèves officiers. In-8° de 150 pages, broché............................. 4 »
Ouvrage recommandé aux candidats aux écoles de sous-officiers (B. O. n° 10, 6 mars 1922, page 559)

9 782329 043913